VISÃO
CONTEMPLATIVA

Um guia para arte
e oração cristãs

VISÃO CONTEMPLATIVA

Um guia para arte e oração cristãs

Juliet Benner

tradução
Milton Camargo Mota

Título original:
Contemplative Vision. A Guide to Christian Art and Prayer
© 2011 by Juliet Benner
InterVarsity Press – P. O. Box 1400, Downers Grove, IL 60515
ISBN 978-0-8308-3544-7

Originally published by InterVarsity Press as *Contemplative Vision.
A Guide to Christian Art and Prayer*, by Juliet Benner. © 2011 by
Juliet Benner. Translated and printed by permission of InterVarsity Press,
P. O. Box 1400, Downers Grove, IL 60515, USA. <www.ivpress.com>.

Publicado originalmente por InterVarsity Press como *Contemplative
Vision. A Guide to Christian Art and Prayer*, by Juliet Benner. © 2011 by
Juliet Benner. Traduzido e publicado com permissão de InterVarsity Press,
P. O. Box 1400, Downers Grove, IL 60515, USA. <www.ivpress.com>.

Dados Internacionais de Catalogação na Publicação (CIP)
(Câmara Brasileira do Livro, SP, Brasil)

Benner, Juliet
    Visão contemplativa : um guia para arte e oração cristãs / Juliet
Benner ; tradução Milton Camargo Mota. -- São Paulo : Edições
Loyola, 2022. -- (Espiritualidade cristã)

    Título original: Contemplative vision : a guide to christian art
and prayer
    ISBN 978-65-5504-174-3

    1. Arte cristã e simbolismo - Meditações 2. Bíblia - Meditações
3. Contemplação I. Título. II. Série.

22-110634   CDD-242.5

Índices para catálogo sistemático:
1. Meditações bíblicas : Cristianismo   242.5

Eliete Marques da Silva - Bibliotecária - CRB-8/9380

Preparação: Maria de Fátima Cavallaro
Capa e diagramação: Ronaldo Hideo Inoue
    Composição a partir da pintura (detalhe, na capa)
    de Johannes (Jan) Vermeer (-1675), *Christ in
    the House of Martha and Mary* (c. 1654-c. 1656),
    coleção da *Scottish National Gallery*, Edimburgo,
    Escócia (Reino Unido). Wikimedia Commons:
    <https://commons.wikimedia.org/wiki/File:
    Johannes_(Jan)_Vermeer_-_Christ_in_the_House_
    of_Martha_and_Mary_-_Google_Art_Project.jpg>.
Revisão: Ellen Barros

Edições Loyola Jesuítas
Rua 1822 n° 341 – Ipiranga
04216-000 São Paulo, SP
T 55 11 3385 8500/8501, 2063 4275
editorial@loyola.com.br
vendas@loyola.com.br
www.loyola.com.br

*Todos os direitos reservados. Nenhuma parte desta obra pode ser
reproduzida ou transmitida por qualquer forma e/ou quaisquer
meios (eletrônico ou mecânico, incluindo fotocópia e gravação) ou
arquivada em qualquer sistema ou banco de dados sem permissão
escrita da Editora.*

ISBN 978-65-5504-174-3

© EDIÇÕES LOYOLA, São Paulo, Brasil, 2022

SUMÁRIO

AGRADECIMENTOS
11

INTRODUÇÃO
Arte cristã e transformação
13

Parte Um
CONSCIENTIZAÇÃO TRANSFORMADA
27

1
DESPERTAR
Bruegel, o Velho
Censo em Belém
29

2
RETIRAR-SE
Moretto da Brescia
Cristo na natureza
39

3
CONTEMPLAR EM QUIETUDE
JOHANNES VERMEER
Jesus na casa de Maria e Marta
49

4
EM SINTONIA COM A PRESENÇA DE DEUS
JEAN-FRANÇOIS MILLET
O Angelus
59

PARTE DOIS
VISÃO TRANSFORMADA
69

5
CHAMADO PARA VER
NICOLAS POUSSIN
A adoração dos pastores
71

6
EMANUEL, DEUS CONOSCO
REMBRANDT
Cristo na tempestade no Mar da Galileia
81

7
VER E CRER
CARAVAGGIO
A incredulidade de São Tomé
91

8
RECONHECER CRISTO
CARAVAGGIO
A ceia em Emaús
101

PARTE TRÊS
VIDA TRANSFORMADA
111

9
O CAMINHO DA CRUZ
RIDOLFO GHIRLANDAIO
Procissão para o calvário
113

10
CHAMADO PARA SEGUIR
CARAVAGGIO
A vocação de São Mateus
123

11
VER CRISTO NOS OUTROS
HE QI
A Visitação
135

12
CARREGAR CRISTO
RUBENS
A descida da cruz
145

13
VER E SERVIR
Luca Giordano
O bom samaritano
155

EPÍLOGO
Visão transformadora
165

APÊNDICE 1
Sugestões para líderes de discussão em grupo
169

APÊNDICE 2
Sugestões para uso na direção espiritual
175

Para David e Sean,
minhas duas estrelas brilhantes
que me ajudam a enxergar.

Em memória de meus pais,
James e Agnes Sookbirsingh,
que nutriram meus olhos de admiração.

AGRADECIMENTOS

Este livro não teria sido escrito sem o incentivo e a ajuda de várias pessoas. As sementes foram plantadas no final da década de 1990, quando introduzi meditações sobre obras de arte num estudo bíblico que conduzi na Central Presbyterian em Hamilton, Ontário. Agradeço ao reverendo Alan McPherson por sua confiança e pela liberdade que me permitiu criar um espaço contemplativo para nosso grupo de estudos.

Nos últimos quinze anos, dirigi retiros contemplativos em todo o mundo. Foram experiências ricas, que forneceram grande parte do material para as meditações deste livro. Agradeço especialmente àqueles que organizaram esses retiros, bem como às pessoas que compareceram e participaram, oferecendo novas percepções sobre nossas maneiras de ver. Sou particularmente grata a Pam Guneratnam e Lilian Koh Bee, na Malásia; Danny e Julie Ng em Cingapura; Ekman Tam e Pui Fong Wong no Tao Fong Shan Christian Center em Hong Kong; Jonathan e Thelma Nambu nas Filipinas; Lidia Lae, Catherine Chan, Irene Alexander e Jenny Dawson e Neil Dawson na Austrália; Jerry Braun-Douglas, Ruth Penney e Kathy Hughes, da Associação de Aconselhamento Cristão da Nova Zelândia; Knut Grønvik, Janet Reidar Erikson e Bent Reidar Erikson na Noruega; Inge Dahl na Dinamarca; Sue Erickson, Trinity Grace Church em Nova York; e Gary Moon e Jeff Terrell, Richmont Graduate University em Atlanta.

Mais perto de casa, no Canadá, agradeço a Beverley McDonald, The Sisters of Providence, Kingston, Ontário; Beth McKay Reilly, Canadian Association of Parish Nurse Ministry, Hamilton, Ontário;

Cam Yates e Joan Yates, Carey Centre for Spirituality, Vancouver; Chris Houston e Jeannie Houston, Nassagaweya the Retreat, Moffat, Ontário; Sandra Broadus, Tyndale Theological College and Seminary, Toronto, Ontário; Logan McMenamie, Catedral da Igreja de Cristo, Vitória, Colúmbia Britânica; e Allan Saunders, First Metropolitan United Church, Vitória, Colúmbia Britânica.

Muitos amigos apoiaram fielmente este projeto e compartilharam conversas profundas e discussões ricas, o que estimulou a feitura deste livro. Agradeço especialmente aos meus companheiros espirituais David Sigston e Bonnie Sigston, Carrie Peddle, Johanna Terbogt, Ed Plantinga e Eileen Plantinga, minha diretora espiritual, Irmã Anne McLoughlin, SJ, Mark Muldoon, Donna Mc-Closkey, Brenda Stephenson e Jackie Stinton.

Agradeço eternamente a meu marido, David G. Benner, que apoiou meu esforço com santa paciência, incentivo e robusta fé em mim. Minha profunda gratidão a Gary Moon por seu encorajamento persistente para retomar meus artigos originalmente escritos para o *Conversations Journal* e transformá-los em livro. Também expresso minha gratidão à minha competente editora, Cindy Bunch, por sua valiosa e generosa contribuição para tornar este livro melhor. E, finalmente, meus agradecimentos a toda minha família, especialmente minha irmã Cynthia, por seus constantes lembretes, em momentos de desânimo e luta, de que eu tinha a capacidade de ir até o fim.

INTRODUÇÃO

ARTE CRISTÃ E TRANSFORMAÇÃO

Que imagens e associações internas lhe ocorrem quando pensa em oração contemplativa? Talvez você visualize um convento com freiras sentadas em oração silenciosa em seu quarto ou numa capela, ou possivelmente caminhando serenamente ao longo de um riacho. Ou talvez você veja um mosteiro com monges caminhando em silêncio pelos claustros, ouvindo o suave chamado dos sinos da igreja da abadia enquanto passam da oração pessoal silenciosa para a oração comunitária. Mas você consegue se ver na imagem que se forma? Se sim, o que está fazendo? Como você se parece? Com base nessa imagem, o que você pode dizer — ou supor — sobre o que pode estar acontecendo em seu espírito e sua alma?

Muitas vezes, nossas ideias e imagens sobre a oração contemplativa são de que se trata de uma distração inútil. Muito facilmente, elas indicam que esta é uma forma de oração para as elites espirituais — talvez para aqueles que são religiosos profissionais. Mas isso não poderia estar mais longe da verdade. A oração contemplativa é para todos os cristãos. Ela é nossa resposta ao convite de Deus para que estreitemos nossa relação com ele.

A oração contemplativa é simplesmente uma forma receptiva de oração na qual nos abrimos para Deus em quietude e silêncio. É estar com Deus, dando ao Espírito Santo a liberdade de agir e liderar como quiser. Isso significa abrir espaço para Deus e cultivar uma atenção amorosa a ele. Teresa d'Ávila descreveu-a como o olhar da fé fixado em Jesus¹ — como o tempo que passamos a sós com um bom amigo. Embora a oração contemplativa possa incluir a leitura das Escrituras, não o fazemos primordialmente para extrair uma coisa ou outra da passagem bíblica, mas simplesmente como uma forma de estar com Deus em abertura e atenção. Essa abertura e atenção são a solidão e o silêncio internos — uma postura de escuta silenciosa de Deus, de estar com ele e responder a seus convites para a intimidade. A prática regular desse tipo de oração não é meramente uma disciplina, mas uma maneira de levar a oração de nosso aposento para nossa vida. À medida que nosso relacionamento com Deus se aprofunda, descobrimos que cada aspecto de nossa vida é tocado e transformado, e começamos a ver como Deus vê, e a responder como Deus responderia. Em suma, a oração contemplativa é transformadora porque é a maneira como adquirimos a mente, os olhos e o coração de Cristo.

Em seu livro *Divine Beauty*, John O'Donohue afirma: "Vivemos entre o ato de despertar e o ato de entrega"[2]. Ele prossegue argumentando que tanto o despertar quanto a entrega são moldados pela visão, porque o modo *como* vemos determina *o que* vemos, e o que vemos molda a alma. É por isso que ver é tão fundamental para a jornada espiritual. Quando estamos cegos para a presença de Deus em nossa vida, somos incapazes de ver onde e como Deus está agindo para transformar a nós e ao mundo. Entregar-se a Deus torna-se uma resposta natural quando despertamos para a realidade do amor e da presença de Deus que nos cerca e nos sustenta. Quanto mais nos abrimos para Deus, mais nossa visão adquire clareza e pureza. Nas bem-aventuranças, Jesus nos ensina que aqueles que são puros de coração verão a Deus. A pureza de coração começa com a pureza da visão.

APRENDENDO A VER

Se você não se considera um deficiente visual, pode se surpreender ao me ouvir falar sobre aprender a ver. No entanto, cheguei à conclu-

---

[1] Teresa d'Ávila, citada em Anthony Delisi, *Praying in the Cellar: A Guide to Facing Your Fears and Finding God* (Orleans: Paraclete Press, 2005), p. 141.
[2] John O'Donohue, *Divine Beauty: The Invisible Embrace* (London: Transworld, 2003), p. 1.

INTRODUÇÃO

são de que todos nós somos muito mais deficientes visuais do que imaginamos. Fico surpresa em perceber como realmente não vemos bem o que está ao nosso redor e à nossa frente. Também me impressiona bastante o fato de nossa visão espiritual ser condicionada por nossa visão física. Se passarmos a vida desatentos às coisas que nossos olhos físicos nos convidam a perceber, é quase impossível prestar verdadeira atenção às realidades espirituais.

Há muito tempo estou interessada no ato de ver. Primeiramente, minha formação como artista visual me orientou a uma observação cuidadosa. Depois, trabalhando por muitos anos como guia numa galeria de arte, descobri que a essência de meu trabalho era ensinar as pessoas a verem realmente o que estavam olhando. Isso se refletiu bem em meu trabalho subsequente como diretora espiritual, quando me descobri tentando ajudar as pessoas a aprenderem a ver Deus em suas vidas. Foi aqui, e no trabalho de retiro, que descobri o enorme potencial da visão física como uma porta de entrada para a visão espiritual. Comecei a ensinar as pessoas a ler (ou ver) obras de arte religiosa — particularmente, a arte judaico-cristã que era produzida como uma meditação sobre uma passagem das Escrituras. É claro, o que eu estava ensinando era uma maneira de encontrar a Palavra por trás das palavras das Escrituras e da meditação do artista sobre as Escrituras. Eu estava ensinando, portanto, uma forma de usar a obra de arte como auxílio à oração contemplativa.

É isso que faremos neste livro. Vamos ler passagens bíblicas contemplativamente e, em seguida, olhar em atitude de oração para as representações visuais das histórias. Ao fazermos isso, aprenderemos a prestar atenção — a nos abrir com confiança e franqueza. E como estaremos contemplativamente atentos a Deus, estaremos praticando a oração.

O PAPEL DA ARTE
NA TRADIÇÃO CRISTÃ

Ao longo da história, os seres humanos buscaram a transcendência por meio de deuses encarnados, que eles podiam ver e tocar. Suas divindades eram representadas em imagens pintadas ou esculpidas em pedra ou madeira. Em contraste, as tradições religiosas judaicas, muçulmanas e, posteriormente, cristãs proibiram qualquer representação visual de Deus. Elas consideravam as imagens ídolos feitos por mãos humanas, não o Deus vivo e verdadeiro. Seu Deus era comunicado por meio de suas Sagradas Escrituras, que permaneceram, apesar disso, ricas em imagens e figuras de linguagem.

No entanto, como mostram as paredes das catacumbas em Roma, os primeiros cristãos encontraram ricas maneiras de expressar as histórias bíblicas em imagens e mosaicos. A fim de honrar o segundo mandamento — "Não farás para ti imagem esculpida nem figura alguma à semelhança do que há em cima no céu" —, eles tiveram o cuidado de não retratar Deus, o Pai. Seguindo a tradição judaica, o Senhor Deus era considerado tão santo que até mesmo olhar para ele significava morte certa (Ex 33,20). Porém, com o nascimento de Cristo, Deus adquiriu uma face humana. O Evangelho de João nos diz que "E o Verbo se fez carne e habitou entre nós. Nós vimos sua glória, glória que recebe de seu Pai como Filho único, cheio de graça e verdade" (Jo 1,14). Quando Deus se fez carne, o invisível se tornou visível. Agora que Deus podia ser visto, o Verbo-feito-carne podia ser expresso em imagem sem implicar punição.

À medida que o cristianismo se espalhou para além da Palestina, sua arte tornou-se mais prolífica, atingindo o apogeu na Idade Média na Europa. A arte bíblica que começou como expressões da meditação do próprio artista sobre as Escrituras era oferecida como auxílio para uma compreensão mais profunda da fé e um recurso para oração e adoração. Servia primariamente como um manual de instrução espiritual. Gregório Magno expressou o poder da imagem pintada nessa época, dizendo que o propósito da pintura é para o iletrado o que a escrita é para quem lê. No entanto, muitas vezes referida como a Bíblia do homem pobre, o valor da arte cristã não era de maneira alguma limitada aos pobres e iletrados.

Essas grandes obras de arte não eram simplesmente *alojadas* em igrejas. Em vez disso, eram fundamentais para a maneira como as igrejas proclamavam a Palavra. Com paredes e janelas cobertas com representações visuais da Bíblia em pinturas, pedras, mosaicos e vitrais, os ouvintes da Palavra podiam ver e se envolver contemplativamente com o que estavam ouvindo. Podiam entrar pessoalmente

INTRODUÇÃO

nas histórias e se tornar participantes delas. A Palavra se tornou mais real, mais presente.

As próprias catedrais expressavam o Evangelho em seus detalhes arquitetônicos. A cruz era central para sua teologia e havia se tornado fundamental para seu *design* e construção. Forneceu a marca distintiva da catedral, com a nave comprida formando o braço vertical da cruz e o transepto constituindo o braço horizontal. No ponto de encontro desses braços, os fiéis recebiam o sacramento da Eucaristia, corpo e sangue de Cristo. O signo e o símbolo eram tão centrais para seu culto quanto as representações visuais e as leituras audíveis da Palavra.

Aproximando-se da catedral enquanto viajavam de casa até a igreja, os cristãos medievais primeiramente veriam as agulhas das torres, elevando-se sobre tudo o mais na paisagem e convidando-os a orar. Era um lembrete visual para que elevassem o coração e os olhos ao céu, bem como um lembrete de que Deus estava no centro de suas vidas, no centro de sua comunidade. Chegando mais perto do grande edifício, eles começariam a ver os detalhes da fachada. Isso ajudaria a preparar o coração para a adoração e para receber o santo sacramento. Aproximando-se das enormes portas principais, eles veriam uma representação da obra de Cristo nas esculturas e frisos que enchiam os arcos que conduziam ao santuário — representações de seu nascimento, morte e ressurreição, bem como as representações dos apóstolos e santos. Estas últimas lembravam os fiéis de que eles faziam parte de um grande grupo de crentes, a "nuvem de testemunhas" com quem sua adoração era compartilhada. Cercados por fora e por dentro por uma profusão de imagens ricas e evocativas da Bíblia, eles eram constantemente atraídos para olhar, para contemplar a glória de Deus e adorar com humildade no coração.

Artistas e artesãos cristãos continuaram a fazer arte religiosa ininterruptamente até a Reforma, que trouxe consigo uma ênfase na Palavra. Para os protestantes, somente a Palavra de Deus tinha preeminência, e as imagens visuais foram removidas dos locais de adoração. Muitas das grandes obras da arte bíblica foram completamente destruídas ou cobertas com cal branca. Ver e saber foram substituídos por ouvir e crer.

VISÃO CONTEMPLATIVA

CORAÇÃO E MENTE ABERTOS

Parte do custo desse movimento, da experiência de Deus por meio dos sentidos e da imaginação até uma compreensão mais racional da verdade, foi a restrição dos canais por meio dos quais acessamos a graça. Deus quer nos encontrar no coração e na mente, no corpo e na alma, nos sentidos e na imaginação. Nossa experiência do divino é tremendamente limitada quando nos relacionamos com as Escrituras meramente por meio de compreensão e crença intelectuais.

A arte cristã nos fornece um meio para nos abrirmos profundamente ao encontro com Deus. Quando aprendemos a relacionar as histórias bíblicas com a totalidade de nosso ser, a Palavra ganha acesso a lugares profundos dentro de nós que não podem ser alcançados apenas por palavras ou pela razão. Ela nos abre para o mistério do que não pode ser reduzido a pensamentos ou crenças. Ajuda-nos a amar a Deus com todo o coração, toda nossa mente, toda nossa alma e todas as nossas forças.

Desde o início, o cristianismo foi uma religião do olhar. Convites como "Não tenhais medo! Permanecei firmes e vereis a salvação que Javé há de realizar hoje em nosso favor" (Ex 14,13), "gozar a suavidade do Senhor" (Sl 26,4), "Vamos até Belém para ver este acontecimento" (Lc 2,15) e "Provai e vede" (Sl 33,9) nos atraem para Aquele que é a luz do mundo. Ele era Aquele que cumpriria a promessa do Antigo Testamento de ser uma lâmpada para nossos passos e luz para o nosso caminho (Sl 118,105). Os pastores e os sábios que correram para a manjedoura foram capazes de ver com seus próprios olhos o rei que era anunciado por anjos e uma estrela. Simeão, ao ver o menino Jesus no templo, pôde dizer que seus olhos viram o cumprimento da promessa de salvação. Ele tinha visto Deus feito carne.

Jesus veio pregar o evangelho, libertar os cativos, trazer visão aos olhos cegos e proclamar a graça de Deus. Repetidas vezes, ele convidou as pessoas a terem os olhos do coração e da mente abertos e receptivos para quem ele era e para o que estava oferecendo. Ele louvou aqueles que podiam ver: "Felizes, porém, os vossos olhos porque estão vendo" (Mt 13,16). E repreendeu os que pensavam que podiam ver, mas eram cegos. Em Marcos 8,18, Jesus lembra a seus ouvintes a repreensão do profeta Jeremias: "Tendes olhos e não vedes, ouvidos e não ouvis?". Ele reservou a censura mais severa aos líderes religiosos que des-

INTRODUÇÃO

creveu como guias cegos que conduzem seguidores igualmente cegos em direção a um buraco, onde cairão para a morte (Mt 15,14).

O CEGO GUIANDO CEGOS

 A pintura de Bruegel, o Velho, *A parábola dos cegos*[3], é um poderoso lembrete visual de nossa necessidade de ter olhos claros e focados em Deus. Pare um pouco e dê uma olhada na pintura (utilize um leitor de QR Code para visualizar a imagem ou pesquise na internet[4] a arte que iremos analisar). Não se apresse, permita-se realmente ver e experimentar a história que ela conta.

A pintura retrata seis homens cegos descendo uma encosta que leva ao lago da aldeia. Um já caiu e está deitado de costas, indefeso, ainda segurando a bengala. Os demais se agarram uns aos outros e às bengalas, formando uma forte linha diagonal através da pintura. O ângulo descendente da encosta ecoa nas varas, servindo para realçar o desastre iminente. Observe os olhos desfocados dos cegos e sua progressão descendente à medida que cada um tropeça precipitadamente e se projeta para a frente, finalmente caindo nas águas turvas. Seus rostos expressam respostas diferentes para a situação de apuro — confiança, surpresa e choque. Podemos facilmente imaginar como a jornada termina para eles. Esses homens cegos nos lembram

---

3   Bruegel, o Velho, *A parábola dos cegos* (1568). Cf. <https://upload.wikimedia.org/wikipedia/commons/6/67/Pieter_Brueghel_the_Younger%E2%80%94The_Parable_of_the_Blind.jpg>. Acesso em: 26 abr. 2022.

4   Todas as pinturas utilizadas neste trabalho podem ser facilmente localizadas na internet digitando o nome do artista e da pintura num motor de busca. Normalmente, você encontrará muitas cópias da obra de arte; escolha uma que tenha resolução alta o suficiente para que você a veja com clareza. Se você está pesquisando por meio do Google, também pode considerar o uso Google Imagens; isso lhe dará a visualização mesma da pintura, em vez de simplesmente locais que podem contê-la. Outra opção é verificar algumas das galerias de arte virtuais. Algumas das melhores galerias *online* incluem a Web Gallery of Art (www.wga.hu) e a Olga's Gallery (www.abcgallery.com), mas muitas outras também podem ser encontradas após uma pesquisa por galerias de arte virtuais.

VISÃO CONTEMPLATIVA

a sorte inevitável daqueles que deixam de ver e responder à presença graciosa de Deus e agir no mundo. Observe o ângulo da bengala que o terceiro homem carrega. Permita que seus olhos continuem a trajetória. Em seguida, volte a atenção para a igreja ao fundo. Sua alta torre se estende com proeminência em direção ao céu. O trecho de Provérbios 4,25-26 nos exorta:

> Que teus olhos olhem para a frente,
> diante de ti seja reto o teu olhar.
> Vê bem onde pões os teus pés,
> e que os teus caminhos sejam bem firmes.

A torre da igreja nessa pintura lembra a necessidade de olhar para Deus e para a luz da Palavra, que ilumina nosso caminho. É a maneira do artista de nos lembrar que, se seguirmos a Cristo em vez de guias cegos, seremos conduzidos à vida eterna e à paz perfeita. A pintura também nos convida a ver a verdade para que possamos conduzir os outros àquele que é a verdade.

A ARTE COMO AUXÍLIO À ORAÇÃO E À VIDA

No restante deste livro, usaremos a arte bíblica como maneira de nos abrir para as Escrituras nas quais elas se baseiam. Vamos meditar sobre as Escrituras, não simplesmente a arte. Permitiremos que a meditação das Escrituras, que a arte representa, nos leve de volta a uma relação mais profunda com a Palavra.

Sempre que lemos ou ouvimos a Palavra, natural e inconscientemente criamos imagens mentais dos eventos. Isso porque Deus nos deu imaginação e pretende que ela, com nossa mente, sirva de canais para que Deus possa tocar nosso coração. A grande arte cristã ajuda isso acontecer, nos permitindo ir além da imaginação limitada. Somos convidados a participar com o artista a ver e experimentar Deus de maneiras novas e revigorantes. Quando fazemos isso, nossos sentidos são despertados e nos tornamos mais atentos e plenamente vivos. Ao contemplar a pintura com espírito de oração, entramos na cena que ela representa — em seu tempo e lugar. Assim, todo o tempo se torna presente e somos conduzidos àquele que está sempre conosco. Essa abertura nos permite ser completamente preenchidos pelo Espírito e nos leva a um relacionamento mais profundo com Deus.

As pinturas deste livro são expressões visuais de histórias bíblicas. Cada pintura representa a interpretação pessoal do artista sobre a história que ele meditou. Quase todos estamos bastante familiarizados com essas histórias, mas talvez precisemos de ajuda para saber como ler os símbolos visuais que os artistas usam quando contam histórias na tela. Nossa "leitura" dessas obras é, obviamente, um processo subjetivo. Cada um de nós verá coisas diferentes nas pinturas. Neste livro, apresento minhas interpretações e percepções sobre cada pintura, mas encorajo o leitor a usá-las simplesmente como um trampolim para a descoberta.

Nosso foco não será a apreciação ou a análise da arte, mas o uso da arte como auxílio para a oração. Dito isso, você notará que farei referência a alguns detalhes composicionais em nossa exploração das pinturas. Eu os incluo quando nos ajudam a entrar mais plenamente na arte e a nos envolver mais profundamente com o texto por trás dela. Vale lembrar que a maioria dessas obras foi criada para levar o espectador a um envolvimento pessoal mais profundo com as Escrituras. A estrutura composicional da arte é um dispositivo deliberado do artista para nos ajudar a fazer isso e abrir nossos olhos para novas formas de olhar. Também ajuda a nos relacionar com a arte em espírito de oração. John Drury, deão da Christ Church Cathedral em Oxford, observa que ver obras de arte "significa uma espera contemplativa que nos coloca ao lado daqueles que as pintaram e as viram com tanta devoção, transportando-nos ao reino da oração, com sua expectativa passiva, sua abertura ativa"[5]. Ele prossegue dizendo que "adorar e olhar pinturas requerem o mesmo tipo de atenção — uma mistura de curiosidade com uma serena prontidão de deixar as coisas se apresentarem em seu tempo propício".

Este livro é um convite a essa postura de oração. Isso fornecerá ao leitor a prática de estar ativamente aberto a Deus e esperar pas-

---

5   John Drury, *Painting the Word* (New Haven: Yale University Press, 1999), p. xiii-xiv.

sivamente tudo o que Deus deseja lhe revelar. É um convite para se tornar criança novamente com o coração e a mente abertos e livres, e uma imaginação que corajosa e inconscientemente olha para o rosto do Pai. É um convite à oração contemplativa — uma oração de esquecimento de si mesmo baseada numa postura de total absorção na pessoa de Deus. É um convite para "nos perder em admiração, amor e louvor" enquanto nos sentamos em silêncio diante de Deus. É um convite para abandonar tudo o que nos impede de estar totalmente presentes e abertos a Deus.

Encontrar Deus de maneira mais profunda muitas vezes nos faz querer construir um altar e permanecer no lugar dessa experiência. Mas o chamado de Deus sempre significa um convite para retornar à nossa realidade vivida. Depois de experimentar as verdades mais profundas de Deus, não podemos, nem ousamos, permanecer os mesmos. A verdadeira transformação espiritual será incompleta se não vivermos a fé nas comunidades de nossa igreja e no mundo.

Ao nos sintonizar com o Espírito de Deus por meio da prática da oração contemplativa, descobrimos que também nos tornamos mais sintonizados com os outros. Ao ver Deus de maneiras novas e mais profundas e rezar de forma mais receptiva e aberta, temos a oportunidade de responder a Deus e aos outros baseados nessa experiência. Para ser um indivíduo contemplativo, não é preciso retirar-se do mundo real. Em vez disso, você se envolve totalmente no centro do mundo e oferece sua oração e serviço a Deus a partir daí. O chamado é para viver a Palavra — para pôr em prática o amor de Deus, compartilhar a vida de Deus com os outros. Isso significa estender compaixão e amor àqueles cuja vida toca a nossa. Significa ajudar os outros a se tornarem mais conscientes de Deus, atraindo-os gentilmente a novas maneiras de ver e responder a Deus. Jesus, a luz do mundo, nos diz que devemos ser pessoas que irradiam luz sempre que estendemos a mão para os outros em amor.

Permita que essas meditações sobre arte e Escrituras despertem e avivem sua imaginação, nutram uma caminhada mais íntima com Deus ao longo de sua contemplação e o levem a responder a Deus com louvor, admiração e adoração — para que você "pondere novamente sobre o que o Todo-Poderoso pode fazer" não apenas em sua vida, mas na vida de outras pessoas.

INTRODUÇÃO

OLHANDO PARA A FRENTE

Mas, caso esteja se perguntando se um livro construído em torno da arte é para você, permita-me dizer resumidamente quem eu tinha em mente ao escrever este livro. O público-alvo são os cristãos que desejam um conhecimento mais profundo de Deus. Muitos livros falam sobre Deus. Este livro foi elaborado para conduzir o leitor a um conhecimento *pessoal* dele — o tipo de conhecimento que só pode advir do tempo passado com Deus em silêncio. Essa quietude e atenção interiores são, como disse, a oração contemplativa. Examinar pinturas será o meio para esse fim, não o fim. Você nem mesmo precisa gostar de arte para se beneficiar deste livro. Muitas pessoas que participaram de retiros ou palestras sobre esse assunto me disseram que nunca tinham ido a galerias de arte, nem tinham qualquer interesse em arte. Elas, contudo, queriam aprender a estar com Deus em quietude e atenção. Esse é o anseio que o Espírito de Deus pode satisfazer quando reservamos um tempo para nos sentar em quietude contemplativa diante da Palavra de Deus e diante da arte que foi produzida como meditação sobre ela.

O livro está organizado em três seções, levando-nos a uma jornada progressiva desde o despertar para Deus, passando pelo aprendizado de como ver e, finalmente, chegar a uma vida transformada. A primeira parte considerará as maneiras pelas quais deixamos de ver Deus em nossa vida diária e como podemos elevar a consciência que temos dele. Na segunda parte, praticaremos a visão contemplativa e perceberemos como isso nos leva a uma visão transformada. Por fim, examinaremos como a visão transformada moldará a maneira como vivemos e nos relacionamos com o mundo. Aqui vamos explorar as possibilidades de viver mais profundamente na plenitude do Espírito, que é possível porque aprendemos a ver com os olhos de Deus e a responder com o coração de amor e compaixão.

Ao ler este livro, lembre-se das sugestões a seguir.

É MELHOR LER ESTE LIVRO SEM PRESSA E CONTEMPLATIVAMENTE.
Não leia para entender o conteúdo. Leia para permitir que você seja capturado por Deus. Não se apresse em terminar um capítulo ou seção. Este é um processo de oração, que não deve ser acelerado. Permaneça onde quer que Deus o encontre e receba como uma dádiva

tudo o que estiver lá para você. Embora haja um fluxo lógico para os capítulos, não é necessário lê-los em ordem consecutiva. Se preferir, deixe-se levar pelo interesse, escolhendo capítulos cujos títulos ecoam em seu espírito. Tudo que você precisa é de um coração e uma mente abertos e receptivos a tudo o que Deus deseja para você. Não venha com nenhum outro plano a não ser encontrar Deus e se entregar à orientação do Espírito.

Faça da sua leitura e sua contemplação um ato de oração. Comece sentando-se num lugar tranquilo onde você possa se abrir confortavelmente para Deus. Se achar útil, você pode incluir um lembrete visual da presença do Espírito com uma vela acesa ou algo que tenha um significado pessoal para você. Reserve um momento para estar silenciosamente presente diante de Deus. Peça a orientação do Espírito Santo para ver e ouvir o que Deus deseja que você veja e ouça. E agradeça a Deus por estar presente com você, em Palavra e Espírito.

Leia o texto bíblico lentamente. A maioria dos capítulos deste livro é construída em torno de um texto bíblico e de uma pintura que foi produzida como uma meditação sobre esse texto. Você encontrará o texto no início de cada capítulo. Leia a passagem — que geralmente é bem curta — lenta e contemplativamente. Você pode lê-la várias vezes, usando diferentes traduções. Não procure uma compreensão profunda, nem tente analisar a passagem. Simplesmente deixe que ela se derrame sobre você. Ouça com o coração, e atente para quaisquer palavras ou frases que chamem sua atenção. Observe quais sensações, memórias e associações lhe ocorrem — em seu corpo, mente, coração ou emoções. Segure-as, permitindo que o Espírito as use para aproximá-lo de Deus.

Em seguida, volte a atenção para a pintura que corresponde à passagem. Se você tiver acesso a um computador, poderá fazer o *download* de uma versão da pintura na internet para uma visualização mais detalhada. Às vezes, uma lupa pode ajudar a ver melhor os detalhes. Mas, quer você a examine nas páginas de um livro ou na tela de um computador, dê uma longa olhada na pintura, sem pressa. Veja como ela apoia o texto e a palavra ou frase em questão. Observe como sua percepção se altera ou permanece a mesma enquanto você presta

INTRODUÇÃO

atenção nos detalhes. E, enquanto lê o resto do capítulo, permita que ele o ajude a entrar na pintura, aprofundando, assim, seu envolvimento com o texto.

CADA CAPÍTULO SERÁ CONCLUÍDO COM QUESTÕES PARA REFLEXÃO. As perguntas têm o objetivo de fornecer uma oportunidade para um envolvimento mais profundo com as pinturas e os textos bíblicos nos quais elas se baseiam. Use-os como uma forma de perceber e responder aos dons e convites que você pode ter recebido do Espírito de Deus. Pense em responder a cada capítulo com sua própria expressão criativa. Talvez você possa pintar ou desenhar sua própria interpretação da história, ou escrever um poema ou uma peça musical, ou se expressar de alguma outra forma. Mas responda. E agradeça a Deus pelas novas maneiras de ver que estão se tornando suas — e pela crescente consciência da proximidade de Deus, que torço para que você experimente.

O primeiro Apêndice oferece algumas sugestões de como usar este livro se você estiver liderando um grupo que o está discutindo como uma estrutura para a oração contemplativa. O segundo Apêndice aborda os diretores espirituais e oferece sugestões sobre como o livro pode ser usado em seu trabalho, bem como alguns comentários mais gerais sobre como eles podem empregar a contemplação da arte religiosa em seu acompanhamento espiritual.

Ofereço tudo isso com a oração para que Deus use essas meditações para infundir em seu espírito o Espírito de Cristo e aprofundar sua consciência do amor de Deus por você. Que você seja atraído para mais perto do coração de Deus. E que seja agraciado com uma visão transformada, como um caminho para uma vida transformada à medida que o amor de Deus flui de você para os outros.

PARA REFLEXÃO E DISCUSSÃO

• Reserve um momento para silêncio e abertura diante de Deus. Reflita sobre as maneiras como Deus esteve presente em sua vida ao longo dos anos, mesmo nos momentos em que você não

VISÃO CONTEMPLATIVA

estava atento a essa presença. Como Deus se mostrou presente para você nesses últimos dias? Como você percebe sua presença? E como você responde a ela?

- Como você reage ao convite deste capítulo para viver mais atento à presença de Deus? O que mudaria em sua vida se você o encontrasse como uma criança? Como você responderia ao convite de Jesus para ser como uma criança?

- Pense por um momento nas citações de John Drury que compartilhei neste capítulo. Ele descreveu a visão contemplativa da arte que faremos juntos como uma oração por causa de sua expectativa passiva e abertura ativa para Deus. Quão importante essa postura lhe parece? Que coisas o impedem de assumir essa postura contemplativa de abertura atenta? Segundo Drury, a contemplação implica a mistura de curiosidade e uma prontidão relaxada para deixar as coisas se manifestarem no próprio tempo. Como essa espera por Deus em silêncio se aplica em sua vida?

PARTE UM

CONSCIENTIZAÇÃO TRANSFORMADA

1

DESPERTAR

Bruegel, o Velho
Censo em Belém

Para muitos de nós, o convite à quietude contemplativa diante de Deus é, ao mesmo tempo, atraente e levemente ameaçador. Sugere uma forma de ser que pode parecer desejável, mas provavelmente parece estranha. Se formos honestos, teremos de admitir que há muito pouca quietude em nosso espírito. Passamos semanas, meses, preocupados com assuntos da vida diária, com nosso emprego, com a administração da casa e da família, na luta em tempos de dificuldade financeira. Nos acostumamos tanto em estar ocupados que tratamos isso como característica essencial da boa vida. Isso se tornou marca de sucesso — como se não estivéssemos ocupados certamente estaríamos levando uma vida insatisfatória e malsucedida. Se estamos ocupados, sentimos que a vida tem sentido.

Seres humanos se tornaram "fazeres humanos". Simplesmente "ser" parece insuficiente. Não mais nutrimos a solidão e a quietude, que se encontram no coração da oração. A vida contemplativa simplesmente não parece real na agitação de nosso mundo e vida.

Mas nosso problema é mais profundo do que a vida ocupada. Tragicamente, vivemos em grande parte no piloto automático. Passamos nossos dias como sonâmbulos — inconscientes da presença de Deus, desatentos às suas dádivas e convites. Deixamos de notar que Deus se encontra nos eventos ordinários de nossos dias comuns.

Deus está presente — no mundo ao nosso redor, nas pessoas que encontramos e em nosso trabalho. Infelizmente, somos nós que estamos ausentes.

Como poderíamos estar atentos à presença de Deus quando não vemos as coisas comuns diante dos olhos ao longo do dia? Em nosso mundo frenético, ignoramos a fragrância de uma flor, a beleza das árvores em crescimento ou o aroma do pão fresco ao passar correndo na frente de uma padaria. Não temos consciência do canto dos pássaros, do vento suave que roça nossas bochechas e cabelos, do borbulhar de um riacho ou de uma fonte. Deixamos de prestar atenção no gosto da chuva em nossos lábios enquanto corremos para nos abrigar ou dos flocos de neve que caem suavemente em nosso rosto. A lista é grande. Nossos sentidos estão embotados, pois vivemos em estado de preocupação e distração. No entanto, Deus está sempre presente em nossa vida, quer percebamos ou não. C. S. Lewis nos lembra que "podemos ignorar a presença de Deus, mas em lugar nenhum podemos fugir dela. O mundo está repleto dele. Ele anda por toda parte, *incógnito*. E nem sempre é difícil penetrar *o incógnito*. O verdadeiro trabalho é lembrar, prestar atenção. De fato, despertar. Ainda mais, permanecer desperto"[1].

A oração contemplativa implica o despertar e a atenção. É afastarmo-nos de preocupações e distrações e permitir que Deus transforme nossa consciência, nosso coração e nossa vida. É abrir espaço para estar com Deus em quietude e em solidão. Não é retirar-se do mundo, ir ao deserto ou ao mosteiro, a fim de encontrar serenidade e paz imperturbáveis. É permitir que o Espírito cultive a quietude interior que perdura mesmo nas ocupações e desafios da vida, com foco e paixão em sintonia com Deus.

Mas, você poderia perguntar, como podemos desenvolver tal postura de coração? Tudo começa com a prática da atenção no curso normal da vida. Começa pela consciente abertura de espaço para o momento presente e para a vida como ela é. Se não estivermos presentes no agora, nunca poderemos estar presentes para o Deus que foi revelado a Moisés como "Eu sou" — o Eterno que está conosco no momento presente. Podemos nos lembrar de como Deus

---

[1] C. S. Lewis, *Prayer: Letters to Malcolm* (Glasgow: Fontana Books, 1974), p. 77.

nos encontrou no passado e podemos ter esperança e confiança de que Deus nos encontrará no futuro, mas só podemos realmente encontrar Deus no momento presente.

ABRIR OS OLHOS — OLHANDO

Pare um momento e observe a pintura *O censo em Belém*[2]. É do mesmo artista que encontramos na introdução — Bruegel, o Velho. Reserve um tempo para examiná-la cuidadosa e contemplativamente. O que você vê?

Provavelmente tenha notado toda a agitação — uma cena de aldeia cheia de camponeses tratando de suas atividades diárias. À esquerda da pintura, vemos uma multidão de pessoas reunidas em frente a um prédio, enquanto outras próximas estão trabalhando em suas diferentes tarefas — marcenaria, abate de porcos, transporte de madeira. Por toda parte há ação e movimento para um determinado propósito. Pessoas carregando fardos pesados caminham com cuidado pelo lago congelado. Algumas estão construindo um prédio no canto superior direito. Uma mulher limpa a neve com uma vassoura. Crianças brincam no gelo, ou jogam bolas de neve umas nas outras. Bruegel inclui edifícios novos e antigos, alguns grandes e firmes — a igreja alta e robusta (bem ao fundo, no canto superior esquerdo da pintura) —, e alguns caindo em ruínas (no lado oposto da tela). Há carroças carregadas de gravetos e barris de água ou vinho. Esta é a vida em sua forma mais comum — pessoas ocupadas com as atividades cotidianas numa paisagem congelada, invernal, enquanto observamos o sol se pondo lentamente no horizonte.

Mas quem são essas pessoas retratadas na pintura que não veem quem está em seu meio? Quem, possivelmente, você deixou de ver no meio dessa multidão? As figuras centrais da pintura, facilmente esquecidas, são Maria e José. Você as vê? Caso contrário, procure a

---

[2] Bruegel, o Velho, *O censo em Belém* (1566). Cf. <http://d1shzm2uca9f83.cloudfront.net/large/volkstelling_jeruzalem.jpg>. Acesso em: 26 abr. 2022.

Bruegel, o Velho
(1525-1569)

Os detalhes exatos da vida de Bruegel são incertos, mas sabemos que ele passou a maior parte dela em Antuérpia, em Bruxelas, embora tenha vivido na Itália por um tempo e tenha sido muito influenciado pelo estilo renascentista italiano. Embora tenha passado a maior parte da vida nas cidades, ele era mais conhecido por suas pinturas de paisagens e da vida no campo. Gostava de vestir-se como um camponês, de se misturar com o povo, a fim de obter inspiração e detalhes autênticos para suas pinturas. Isso lhe valeu o apelido de Camponês Bruegel. Muitas de suas cenas cotidianas estão repletas de comentários sutis sobre controvérsias religiosas de sua época. Sua fé forneceu muitos dos temas para suas obras religiosas.

A pintura *A parábola dos cegos* (1568) está exposta no Museu Nacional de Capodimonte, em Nápoles, Itália.

mulher montada no burro no centro inferior da pintura. Contextualizada numa paisagem do norte da Europa para espectadores flamengos, a pintura retrata Maria e José se aproximando da estalagem para a qual viajaram a fim de serem registrados para o censo. Levei muito tempo para encontrar Maria e José quando olhei pela primeira vez para esta pintura, mas assim que os reconheci, fiquei profundamente comovida pelo fato de que a presença de Jesus está, frequentemente, escondida de nós. Percebi como estou cega para sua presença invisível no meio de minha vida agitada e senti vontade de reconhecê-lo com mais frequência. O quadro *O censo em Belém* (1566) é baseado em Lucas 2,4 s. Leia a passagem lentamente, entrando na experiência de Maria e José em sua árdua jornada para Belém. Preste atenção ao que captura seu coração e sua mente. Em seguida, ao olhar para a pintura, permita-se ser atraído para a cena. Participe das atividades da aldeia e observe os detalhes que vêm à tona.

> Também José subiu da cidade de Nazaré, na Galileia, para a cidade de Davi, que é chamada Belém, na Judeia — porque era da família e da linhagem de Davi — para se registrar com Maria, sua esposa, que estava grávida.

Conforme Maria e José se aproximam da hospedaria, a multidão à frente deles já está ativamente envolvida no processo de registro, cuidando dos próprios assuntos e atividades. A sagrada família está perdida na cena. Ela está bem no meio das coisas, mas todos estão muito absortos em suas preocupações para notá-la.

Bruegel usou um assunto bíblico para fornecer um comentário realista sobre o período histórico. Situado em seu tempo e lugar, ele retrata Maria e José fazendo sua jornada a Belém para pagar seus impostos. É uma paisagem repleta da severa realidade humana, com todas as suas labutas, fardos e sofrimentos. As pessoas são mostradas pelejando sob cargas pesadas, vestidas com roupas simples, rústicas e feitas em casa. Uma cabana de leprosos (logo à direita e atrás do burro), identificada com uma pequena cruz em seu telhado tosco e cercada por sepulturas marcadas com cruzes, fornece uma bruta evidência dos desafios físicos que elas enfrentam. Fazem fila para pagar seus impostos também, mas em vez de impostos a César, se vergam sob o peso dos impostos de Filipe II e pagam tributo a ele. Esses seres humanos trêmulos de frio, sobrecarregados com uma vida dura e subsistindo para pagar seus deveres ao rei, devem ter questionado o sentido da vida.

No entanto, Cristo está aqui bem no meio deles, escondido e invisível. Mais do que um comentário sobre a época de Bruegel, a pintura representa nosso próprio mundo moderno. Compartilhamos as mesmas lutas e fardos, e Cristo vem a nós no meio deles para compartilhar nossa humanidade. Cristo está presente, contanto que queiramos vê-lo.

Essa pintura se encontra no Museu Real de Belas Artes da Bélgica. Sem saber o título, talvez você tenha percebido que o tema era religioso. Mas Bruegel nos dá outras pistas sobre o significado espiritual do que estamos vendo. Sabe-se que o artista gostava de incluir sutis indicações de espiritualidade em suas pinturas. Observe, por exemplo, a grande coroa redonda acima da porta da estalagem. Talvez você inclua coroas de flores perenes entre suas decorações de Natal, mas está ciente de seu significado simbólico? Ela e outros círculos espalhados por toda a obra — você notou as inúmeras rodas de carroça? — são símbolos da eternidade. Bruegel os usou como maneiras de nos lembrar da eterna importância de ver e conhecer o Cristo que está em nosso meio.

Há na pintura outras referências à vida de Jesus. O prédio em ruínas no canto superior direito nos lembra que, com o nascimento de

Jesus, uma nova aliança está substituindo a antiga. A velha ordem mostra-se inadequada e está em ruínas. No canto esquerdo inferior, vemos três galinhas debicando sua comida na neve. Talvez Bruegel esteja se referindo à tripla negação de Pedro durante o julgamento de Cristo, quando o canto do galo o lembrou das palavras de Jesus. Elas talvez estejam apontando para o julgamento e morte de Cristo, e o poder redentor de sua crucificação. Grandes toras à esquerda das galinhas nos lembram a futura ocupação de Jesus como carpinteiro, com as vigas que lembram a cruz na qual ele seria pendurado. A carroça carregada de gravetos lembra para nós a prefiguração de Cristo no sacrifício de Isaac do Antigo Testamento. Os barris de vinho podem aludir ao que Jesus chamou de "o meu sangue, o sangue da Aliança".

Isso é mais do que uma existência monótona e rotineira, é inegavelmente uma vida e um mundo preenchidos da glória de Deus. Deus está realmente incógnito, escondido de nós, mas perto de nós e no centro de nossa vida. Podemos começar a ver Deus com mais clareza quando prestamos mais atenção aos pequenos e aparentemente insignificantes sinais de sua presença. A pintura de Bruegel é um convite para abrirmos os olhos, para despertar e ver o Cristo que é Emanuel — Deus conosco em meio a nossa própria vida, não apenas nesta cena de aldeia flamenga.

CONSCIENTE E DESPERTO — RESPONDENDO

O cerne da vida espiritual consiste em estar consciente e desperto. Somos cegos e precisamos aprender a ver. A autora francesa Muriel Barbery exprime nossa incapacidade de ver realmente. Falando pela boca de uma de suas personagens, ela nos diz que "nossos olhos podem perceber, mas não observam; podem crer, mas não questionam; podem receber, mas não procuram; eles estão vazios de desejo, sem fome e sem paixão"[3]. Nosso sentido da visão se tornou vazio e sem paixão, pois olhamos, mas não vemos realmente a profundidade das coisas.

---

[3] Muriel Barbery, *The Elegance of the Hedgehog* (Paris: Editions Gallimard, 2006), p. 304.

Espiritualidade é ver e estar desperto. Jesus sempre ensinou sobre a importância de estar vigilante (por exemplo, Mt 25,13; Lc 12,37). Ele ensinou que, quando nossos olhos espirituais estão saudáveis e perspicazes, todo o nosso corpo está cheio de luz (Lc 11,34). Jesus apresenta as crianças como modelos do tipo de visão que ele encorajava. Quando nos convida a ser como elas, ele está nos convidando a ter olhos livres dos obstáculos que turvam a nossa visão do divino. Isso é tão importante que ele afirmou que quem não acolher o reino de Deus como uma criança nunca entrará nele (Lc 18,17).

Pense na maneira como as crianças veem. Imagine a absorção total de uma criança pequena deitada de bruços, o nariz pressionado contra o chão, sua atenção voltada para um minúsculo verme que avança lentamente. Ela está alheia a tudo o mais ao seu redor. Seu abandono é inconsciente e não forçado, e seu êxtase é completo. Esse é o tipo de olhar que a arte incentiva. Esse olhar atento é, como veremos, a oração contemplativa.

Gerard Manley Hopkins começa seu poema *Grandeza de Deus*, dizendo: "O mundo está carregado com a glória de Deus". Ele falou o que conhecia, não simplesmente no que acreditava. Os cristãos corroboram a teologia desse autor, mas frequentemente compartilham pouco de sua experiência e conhecimento espiritual. Passamos pela vida como sonâmbulos, com visão muito curta e, consequentemente, com conhecimento muito limitado das realidades espirituais invisíveis. Confundimos crer com experimentar. Podemos crer que Deus está presente em tudo na vida, mas não experimentamos isso. A maioria de nós não tem mais olhos para Deus. Como os cegos da primeira pintura que analisamos, somos cegos para a grandeza que enche o mundo e desconhecemos a constante presença de Deus em nosso meio.

Se estamos cegos para a presença de Deus, como podemos realmente conhecer o amor de Deus? Aprender a ver realmente e nutrir a arte da visão verdadeira pode ser uma experiência transformadora. A visão que é mais do que apenas física, que olha além do mundo material para realidades espirituais ocultas, tem o poder de nos mudar. A meditação sobre a arte bíblica nos ajuda a recuperar essa arte perdida de ver — física e espiritualmente — a presença de Deus em tudo na vida. Ela fornece a prática para nos tornar conscientes e atentos às interrupções frequentes de Deus na existência diária. É uma ajuda para desenvolver a abertura e a receptividade às dádivas que Deus deseja para nós. Ela concretiza o Evangelho e ajuda a nos aproximarmos de Deus para que vivamos para Deus e para os outros. Estejamos alerta para a presença e ação de Deus, procurando-o constantemente e respondendo às suas sutis interrupções para atraí-lo a um relacionamento mais estreito.

PARA REFLEXÃO E DISCUSSÃO

- Releia Lucas 2,1-5 e olhe novamente para *O censo em Belém*, de Bruegel. Imagine que você está dentro da pintura. Onde você estaria e o que estaria fazendo? Que atividades podem mantê-lo distraído ou preocupado, dificultando a percepção da presença de Cristo oculto em seu meio? Que coisas nos últimos dias o mantiveram preocupado e o deixaram adormecido e inconsciente?

- Muitas pessoas nessa pintura carregam fardos pesados. Eles vergam sob suas cargas pesadas. Que fardos você carrega que o estão distraindo, impedindo-o de ver a presença de Deus? Como você responde ao convite de Jesus para ir ao seu encontro a fim de encontrar repouso para sua alma cansada? Onde pode estar Cristo no meio de seus fardos no momento presente?

- Neste capítulo, é dito que a oração contemplativa implica o despertar e a atenção. Trata-se de nos afastar das preocupações e distrações e permitir que Deus transforme nossa consciência, nosso coração e nossa vida. Tudo começa com o despertar. Que coisas o fazem dormir de novo após alguns momentos de despertar? Como você responde a qualquer convite que possa estar ouvindo do Espírito de Deus para uma vida de consciência mais profunda de sua presença e da transformação de seu coração e da vida que fluiria disso?

- Uma forma de começar a praticar a consciência é iniciar com algo tão simples como uma pausa longa o suficiente para notar a textura do alimento na próxima refeição. Quando você comer, apenas coma. Simplesmente esteja presente no momento. Ofereça a atenção desse momento como uma oração. Note a sensação das roupas que você está vestindo no momento. Preste atenção a quaisquer cheiros, sons ou sensações que possam fazer parte de sua experiência no momento — o cheiro da maresia salgada, o zumbido de um ar condicionado, o sabor de seu último gole de café. A consciência de qualquer coisa pode ser uma porta de entrada para a consciência da presença de Deus. A consciência de nada além de nossas próprias preocupações significa uma inevitável falta de consciência da presença de Deus. Pratique a consciência no momento presente, e em espírito de oração peça a Deus que o ajude a discernir sua presença nos momentos deste dia, desta semana e do próximo mês.

2

RETIRAR-SE

Moretto da Brescia
Cristo na natureza

Uma maneira importante de aprender a estar desperto para a presença de Deus no meio da vida é reservar, regularmente, um tempo para a oração silenciosa e reflexão. Retiros periódicos do mundo, quando intencionalmente deixamos de lado nossas preocupações para estar atentos a Deus em silêncio, permitem que ele abra nossos olhos e desenvolva em nós maior consciência de sua presença amorosa. São oportunidades de aprender a ver os sinais de transcendência que nos cercam.

RETIRO ESPIRITUAL

Essa maior consciência e atenção a Deus é o objetivo de um retiro espiritual. Mas antes de considerarmos o que está incluído num retiro organizado para esse propósito, devemos lembrar como esse retiro é diferente de muitas outras atividades que também são chamadas de retiros. Quando você pensa em retiro, você pode estar pensando, por exemplo, num retiro da igreja que é baseado principalmente em recreação, comunhão e ensino. Ou se você estiver num contexto de trabalho em que as equipes fazem retiros periódicos, talvez você esteja pensando num momento de *brainstorming*, revisão e planejamento. Nenhuma dessas coisas tem muito em comum com o retiro espiritual cristão clássico.

Um retiro espiritual nunca é simplesmente uma questão de descanso ou relaxamento, planejamento, nem mesmo de ensino. Seu foco é relacional. É centrado no encontro com Deus. Um retiro espiritual é um momento para deixar de lado todas as agendas, apegos e preocupações e nos colocar completamente nas mãos de Deus. É a resposta a um convite de nosso pai celestial para nos afastarmos com ele. Deus é o anfitrião deste encontro e deve estar, portanto, no controle da agenda. Thomas Green chama isso de férias com o Senhor[1]. Aproxime-se dessas férias pronto para ouvir e esperar em Deus. Essas férias não se destinam primordialmente a aprender com Deus, mas simplesmente estar com ele. Portanto, não pense nisso como um tempo para fazer algo, mas sim como um tempo para Deus fazer algo em você e com você.

Afastar-se é uma característica central de um retiro espiritual. Às vezes, é claro, isso é impossível, e certamente podemos arranjar algum tipo de retiro intermediário num quintal ou quarto silencioso de nossa própria casa. Mas certo grau de solidão e quietude sempre fez parte da maneira como as pessoas abordaram os retiros espirituais, algo que remonta aos primeiros dias do cristianismo. Nos séculos III e IV, um padrão comum era ir aos desertos da Síria e do Egito, onde os primeiros cristãos frequentemente se encontravam com diretores espirituais conhecidos como mães e pais do deserto. Jesus também praticava regularmente esse tipo de escape para encontrar a Deus e a si mesmo num lugar mais profundo do que era possível no meio da vida diária; e ele encorajava seus discípulos a fazer o mesmo.

Os retiros de férias que Deus planeja para nós geralmente incluem surpresas, nem sempre agradáveis. Retiros são lugares onde somos expostos à plena luz de Deus — lugares onde não podemos nos esconder de Deus, nem de nós mesmos. O silêncio que vem com a solidão abre lugares dentro de nós onde podemos ser levados a montanhas de êxtase e encontros místicos, ou a vales escuros onde nosso coração é exposto nu e cru diante de Deus. Podemos ser con-

---

1 Thomas H. Green, *A Vacation with the Lord* (Notre Dame: Ave Maria Press, 1986).

frontados por provações e lutas, mas também por alegria e louvor. Não escolhemos como Deus nos encontrará enquanto estamos sozinhos com ele em retiro, mas podemos repousar no amor de Deus e nos render às dádivas que ele oferece, sejam elas lutas dolorosas, sejam momentos de bênção extática.

RETIRO DE JESUS NO DESERTO
— OUVIR

Os Evangelhos nos dizem que Jesus regularmente encontrava tempo para ir a lugares solitários e isolados para momentos de retiro com seu Pai. Embora sua breve vida fosse repleta de apelos persistentes de cura, e de multidões que queriam tocá-lo e ouvi-lo, Jesus sempre conseguia encontrar tempo para ficar sozinho com seu Pai. Ele sabia que esses momentos eram absolutamente essenciais para que cumprisse a vontade de seu Pai.

O artista italiano Moretto da Brescia nos apresenta sua interpretação do primeiro retiro registrado de Jesus. De acordo com Marcos, ele acontece imediatamente após Jesus ter sido batizado, exatamente quando ele está para ser lançado em seu ministério terreno. Foi uma experiência que comumente descrevemos como sua tentação pelo diabo, e, portanto, talvez não pensemos nisso como um retiro. Mas lembre-se de que Deus controla a agenda dos retiros espirituais. E esta era a agenda do Pai para este retiro de Jesus. Nós também podemos aprender muito com ele, pois nossos retiros também podem incluir tentações, provações e um encontro com as trevas — tanto nossa escuridão interior quanto as trevas que existem no mundo.

Lemos no Evangelho que este retiro de Jesus no deserto foi iniciado — de fato, ele foi "levado" — pelo Espírito. Não havia dúvida de que este era o retiro escolhido por Deus. Reserve alguns momentos para uma leitura vagarosa do relato apresentado em Marcos 1,12 s. É provável que você também ache útil ler os relatos correspondentes registrados em Mateus 4,1-11 e Lucas 4,1-13 para obter mais detalhes. Em seguida, observe cuidadosa e meditativamente a pintura de Moretto da Brescia, *Cristo no deserto*. Observe as coisas que o atingem com mais intensidade. O que você vê? O que você experimenta?

Por aqueles dias, Jesus foi de Nazaré da Galileia para o Jordão e ali foi batizado por João.

Quando saiu da água, viu os céus abrirem-se, e o Espírito descer sobre ele, como uma pomba.

E do céu veio uma voz: "Tu és Meu Filho bem-amado! Em ti encontro toda a minha satisfação".

Logo depois, o Espírito o levou ao deserto.

Ele ficou quarenta dias ali, sendo tentado por Satanás. Ele estava no meio de animais selvagens, e os anjos o serviam. (Mc 1,9-13)

ESTAR COM JESUS NO DESERTO — OLHANDO

O deserto de Moretto da Brescia não é uma vasta extensão arenosa com dunas[2]. É um lugar de rochas escarpadas pontuadas por fendas sombreadas, com duas árvores no centro da pintura. A árvore à esquerda parece morta com galhos secos, sem folhas. A da direita se inclina em direção a Jesus e está viva com folhas verdes frescas, algumas das quais em seus galhos mais baixos estão ficando vermelhas. Ao contrário da árvore morta, isso pode nos lembrar vida, crescimento, força e segurança que nós e Jesus temos quando estamos enraizados e alicerçados no amor de Deus. A árvore da esquerda apresenta a alternativa para isso — a morte.

Observe a variedade de animais que cercam Jesus, que se encontra sentado sozinho sobre uma rocha. Muitos são criaturas do deserto, os "animais selvagens" dos detalhes de Marcos no versículo 13 — uma cobra, um escorpião e um pássaro mitológico aos pés de Jesus, prontos para atacar. Você tem de forçar os olhos para ver a cobra, com a cabeça estrategicamente colocada perto do calcanhar direito de Jesus. Isso traz

---

2 Moretto da Brescia, *Cristo no deserto* (1540). Cf. <https://www.metmuseum.org/toah/images/h2/h2_11.53.jpg>. Acesso em: 26 abr. 2022.

Moretto da Brescia
(1498-1554)

Nascido em Brescia, Itália, como Alessandro Bonvicino e conhecido como "Il Moretto", Moretto da Brescia aprendeu seu ofício como aprendiz do grande Ticiano. Ele era um astuto seguidor da escola veneziana de artistas e suas obras refletem sua influência. Era considerado uma pessoa de grande devoção pessoal e conhecido por se preparar por meio da oração e do jejum sempre que se propunha produzir qualquer arte sacra. Suas prolíficas obras de retábulos e outros trabalhos atestam sua religiosidade e fé cristãs. Ele se tornou o principal pintor de sua época na cidade de Brescia, onde a maior parte de sua arte foi produzida.

Cristo no deserto foi pintado em 1540 e agora faz parte da coleção do Metropolitan Museum of Art de Nova York.

à mente a palavra de Deus para a serpente no Jardim do Éden, segundo a qual sua cabeça seria pisada pelo descendente de Eva. Existem vários tipos de pássaros, o branco no topo da rocha à esquerda nos lembra a pomba com asas estendidas que pousou sobre a cabeça de Jesus em seu batismo. Esta pode ser a maneira do artista de nos lembrar o papel do Espírito tanto em seu batismo como em trazê-lo para este retiro. Uma águia negra está pousada no topo da rocha mais alta, também curvada e talvez bicando algo na superfície. As referências bíblicas às águias frequentemente têm conotações de força e perspicácia.

Outras criaturas incluem um urso e um leão que dormem mansamente ao lado de Jesus, uma raposa e um cervo à esquerda. O cervo nos lembra da expressão do salmista de que sua alma tem sede e busca por Deus como um cervo anseia por um riacho. Considerados imunes ao veneno de cobra porque bebiam muita água da nascente, os cervos na arte medieval eram um símbolo de resistência ao pecado. Todos esses animais parecem olhar para Jesus em posturas de atenção e adoração. Embora o final da história não seja retratado aqui, o artista talvez esteja dizendo que também seremos capazes de resistir à tentação, se mantivermos nosso foco em Jesus, aquele que nos dá água viva.

Jesus, com um leve halo em torno da cabeça, está sentado com o rosto apoiado na mão direita, o que na arte é um tradicional símbolo de meditação solitária. Sua mão esquerda repousa sobre o joelho, e um pé descansa confortavelmente sobre uma pequena pedra. Ele parece muito sereno, mas também temos uma sensação de intenso foco interior e concentração. Neste momento, a pintura retrata Jesus completamente centrado. Ele não se deixa distrair por nenhum dos animais ou atividades ao seu redor. Não vemos acessórios desordenados aqui enquanto Jesus se prepara com oração e jejum. O deserto é um lugar onde o corpo e a alma podem ser severamente testados e purificados. Lembre-se de que Jesus jejuou durante os quarenta dias em que esteve lá. Mas o momento em que o encontramos nesta pintura é anterior aos estragos causados pela fome e pela sede. Ele ainda não foi lançado na arena para lutar com o diabo.

Observe os anjos que aparecem no céu em ambos os lados da pintura. Eles reforçam a crença medieval de que nosso universo, o mundo próximo a nós, ao redor e acima de nós, é habitado por seres celestiais. Pensava-se que eles estavam sempre presentes, embora invisíveis. Os mais próximos de Jesus pairam sobre ele e parecem estar esperando o término de sua provação para auxiliá-lo. Eles parecem sólidos e reais, em contraste com os querubins mais etéreos, apenas esboçados do lado esquerdo.

Nenhum de nós escolheria voluntariamente este tipo de encontro com a escuridão como um retiro para nós mesmos. Mas pode ser o retiro escolhido por Deus para nós. Em tal retiro, descobrimos que nosso verdadeiro lar se encontra no coração do amor de Deus. Ao passar um tempo absorvidos no amor de Deus, descobrimos que nosso verdadeiro trabalho, nossa vocação, ficam mais claros. Descobrimos que somos capazes de sair pelo mundo com a confiança e a certeza de que nosso coração está alinhado com o coração de Deus. Este certamente era o caso de Jesus quando ele lutou com Satanás no deserto na preparação do Espírito para sua vocação. E muitas vezes é assim para nós.

MANEIRAS DE SE AFASTAR — RESPONDENDO

Os retiros espirituais podem assumir — e realmente assumem — muitas formas diferentes. Alguns são dirigidos (incluindo reuniões diárias com um guia ou um diretor espiritual), enquanto outros não. Alguns são solitários, enquanto outros são feitos com um grupo. Alguns são conduzidos em silêncio, enquanto outros permitem conversas. Alguns implicam ir a um centro de retiro ou mosteiro, enquanto outros acontecem numa cabana de madeira na floresta, num quarto de hotel ou até mesmo num quintal.

Em meu primeiro retiro, fui sozinha para uma estação de esqui alpina canadense por uma semana num verão. O cenário era maravilhoso, com muitas trilhas para caminhadas e, como era fora de temporada, havia poucas pessoas por perto. Simplesmente me isolei para um tempo de solidão com Deus, levando minha bíblia, meu diário e minha abertura. Meu foco neste retiro foi reservar algum tempo para um conhecimento mais profundo de mim mesma e de Deus. Começava todas as manhãs com uma passagem das Escrituras — o Salmo 139 era uma dessas passagens, contendo profundidade e riqueza mais do que suficientes para minha semana inteira. Depois, fazia longas caminhadas contemplativas nas trilhas da floresta próxima e orava com o versículo ou texto que realmente me diziam algo. Esses momentos eram poderosos porque eram momentos de silêncio, quando eu podia ouvir a comunicação de amor de Deus por mim. Eram também momentos em que comecei a ver meu próprio coração como Deus o vê, e minha necessidade de me alinhar mais com o seu coração. Mais tarde, eu registrava em meu diário o que tinha ouvido ou sentido da presença ou ausência de Deus durante o dia. Usava o resto do dia expressando minha resposta a Deus por meio da música, esboços, pinturas ou poesias que irrompiam nos momentos de oração consciente. A semana inteira foi um período em que simplesmente passei com Deus, esperando e ouvindo-o. O impacto desse encontro com ele foi tão significativo que me levou ao treinamento em direção espiritual e ao trabalho que agora faço como líder de retiros.

Mas, embora não precise ir a um deserto, nem mesmo a uma casa de retiro para que o Senhor desperte seu espírito e aguce sua atenção à presença e à direção do Espírito, os retiros em ambientes dedicados a esse propósito oferecem vantagens consideráveis. Uma delas é que oferecem a opção do acompanhamento de um guia espiritual que pode ajudá-lo a manter-se devotamente atento às dádivas e aos convites de Deus. Um retiro dirigido não significa que alguém lhe dirá o que fazer, mas inclui a presença de um guia espiritual que se reúne para oração e reflexão sobre onde Deus está em sua experiência e como você está respondendo. Mas retiros não dirigidos também podem ser incluídos na maioria das casas de retiro e ainda lhe oferecer a bênção de saber que aqueles que o servem como anfitriões estão orando por você e por seu encontro com Deus. Afinal, é por isso que eles estão lá e fazem o que estão fazendo.

Existem diversas maneiras de interromper a vida cotidiana para despertar nossa atenção a Deus, dependendo da pessoa e de sua vida comum. Conheço pessoas que não se podem dar ao luxo de ter nem mesmo um dia de reclusão, mas que encontraram uma maneira de abrir espaço de apenas uma hora de quietude e atenção a Deus. Então, se você já reserva algum tempo para ler as Escrituras ou orar a Deus na maioria dos dias, considere fazer disto o seu retiro. Talvez o convite que o Espírito possa estar oferecendo seja o de criar mais espaço para a atenção nesse período, tornando-o menos um tempo de fazer e falar, e mais de ouvir e estar com Deus em silêncio.

Tempos de retiro espiritual não são oportunidades para fugir da realidade, mas tempos de treinamento em consciência, atenção e capacidade de resposta a Deus. Eles devem nos preparar para retornar às nossas vidas normais com o coração compassivo de Deus e seu amor por nós mesmos, pelos outros e pelo mundo. No retiro, aceitamos o convite de nosso Senhor para nos afastar das preocupações e exigências da vida diária apenas o tempo suficiente para restaurar nosso foco e nos preparar para retornar a ela. O mesmo se aplica à contemplação de uma obra de arte. Para obter melhor perspectiva e melhor foco, temos de nos afastar e olhar para ela de certa distância. Nada muda dentro da pintura em si, mas vemos de forma diferente por termos recuado para um ponto de vista diferente. Depois de encontrar Deus no retiro, o mundo que encontramos ao voltar geralmente será composto da mesma realidade que estava lá quando partimos. Mas estaremos transformados e teremos novos olhos para ver a vida com mais clareza. Agora estamos sintonizados com Deus de uma nova maneira e alinhados com o Espírito de Deus em nós e no mundo.

Este retiro de Jesus no deserto foi um tempo de preparação para o ministério que estava por vir. Mais importante, foi um momento de atenção à presença amorosa daquele que ele chamava de Pai. Ao terminar o retiro, seu foco estava claro e sua identidade como filho amado estava mais firmemente estabelecida. Com isso, seu coração e sua vontade se alinharam com o coração e a vontade do Pai, e ele voltou ao seu mundo com um foco renovado e paixão por sua missão. Que esta seja sua experiência. Será se o retiro for realmente o retiro de Deus, não apenas o seu. Será se você permitir que o retiro seja usado por Deus para abrir seus olhos, curar sua consciência, tocar seu coração e despertar e realinhar seu espírito.

PARA REFLEXÃO E DISCUSSÃO

* Retorne à pintura de Moretto da Brescia, *Cristo no deserto*. Qual é o seu foco quando olha para ela? Permita-se ser um dos animais da pintura, oferecendo a Jesus sua adoração por meio de um olhar atento. Reserve algum tempo agora para simplesmente estar com Deus em silêncio, enquanto você medita em seu retiro no deserto. Releia os relatos sobre este retiro nos Evangelhos para ajudá-lo a entrar nessa experiência de Jesus (Mt 4,1-11; Mc 1,12-13; Lc 4,1-13). Permita que a história desperte seus sentidos e imaginação e sirva como um meio da graça para permitir que você esteja com Jesus.

* Você já teve uma experiência de retiro que se assemelhou a esta de Jesus? No meio do deserto, a árvore viva da pintura parece fornecer sombra e proteção a Jesus. Como você experimentou tal proteção em ocasiões de retiro que foram sombrias, desagradáveis ou indesejáveis — não o tipo de retiro que você teria planejado para si mesmo? Como no caso dessa árvore, onde você encontrou crescimento e vida?

* Às vezes, quando estamos abertos a Deus em quietude e solidão, somos confrontados com partes obscuras de nós mesmos, que podem ser difíceis de enfrentar. Às vezes encontramos "feras" que aparecem inesperadamente. Algumas vezes encontramos tentações indesejáveis. Que "bestas" apareceram em seus retiros? Como elas foram domadas, ou poderiam ser domadas, quando

você voltou sua atenção para a presença de Deus numa abertura concentrada, e não permitiu que elas o distraíssem?

* Retiros são lugares estreitos onde encontramos o divino. São lugares onde frequentemente ouvimos o "rumor de anjos". Essa já foi sua experiência num retiro? Em caso afirmativo, como você se sentiu auxiliado pelos assistentes de Deus?

* Depois de ler este capítulo, você presta atenção a qualquer convite que possa receber do Espírito para se afastar e ficar em silêncio com Deus? Se esta é a sua experiência, como você escolhe responder? Não permita que sua resposta seja simplesmente sua imaginação a respeito do retiro que você acha que necessita ou deseja. Permita que seja uma resposta ao convite do Senhor para o retiro neste momento.

3

CONTEMPLAR EM QUIETUDE

JOHANNES VERMEER
Jesus na casa de Maria e Marta

A quietude interior é essencial para a atenção espiritual, mas é um meio, não o fim. A oração contemplativa não é uma estratégia para controlar o estresse ou uma forma de relaxamento. Por ser oração, ela implica um relacionamento. É estar com Deus e ser atraído para mais perto dele.

O objetivo da oração contemplativa não é tentar ficar quieto. Isso é impossível e desconsidera que a oração é um encontro com Deus, não uma técnica de autoaperfeiçoamento espiritual ou uma estratégia de controle do estresse. O objetivo da quietude diante de Deus é estar totalmente aberto a Deus e, nas palavras de Cynthia Bourgeault, "consentir a presença e a ação de Deus dentro de nós sob qualquer forma"[1]. O propósito da quietude é nos capacitar a dar atenção e estar plenamente e sem distração com Deus. É necessário conhecer Deus da maneira que só é possível na quietude. Lembre-se das palavras marcantes do Salmo 45,11: "Parai! Ficai sabendo que eu sou Deus". A quietude é uma forma de percepção espiritual. Na quietude, podemos encontrar Deus, e ele pode nos encontrar, de maneira que é impossível em qualquer outra condição.

---

[1] Cynthia Bourgeault, *Centering Prayer and Inner Awakening* (Cambridge: Cowley, 2004), p. 24 s.

Na pintura que consideramos no capítulo anterior, vimos Jesus sentado no deserto em total absorção. Nós o vimos numa quietude contemplativa, alheio às distrações ao seu redor e exclusivamente aberto para e em contato com o Pai. Olhando, fomos testemunhas do encontro íntimo com o Pai que este momento representou. Foi um momento de intensa oração. Silêncio e quietude foram os meios pelos quais o inexprimível em seu coração foi comunicado ao Pai pelo Espírito. O silêncio e a quietude nos oferecem a mesma oportunidade de um encontro íntimo com Deus. Na quietude podemos ouvir a palavra de Deus. A contemplação sobre obras de arte criadas como meditações sobre as Escrituras talvez pareça ser, superficialmente, o foco externo de nossa atenção, mas, na realidade, se estamos buscando a Deus, ela não é simplesmente uma experiência estética. Ao nos sentar diante dessas obras em oração, elas se tornam um meio de nos abrir para Deus. Elas não são o objeto da oração, mas uma ajuda para a oração. Quietude e atenção são os meios pelos quais os símbolos dizem seu significado à mente e ao espírito, e a Palavra de Deus é dita em nosso coração.

JESUS NA CASA DE MARIA E MARTA
— OUVINDO

Maria, a irmã de Marta e Lázaro, muitas vezes é corretamente identificada como uma mulher que sabia viver neste lugar profundo de quietude e abertura para Deus. Embora seja improvável que ela um dia tenha participado de um *workshop* sobre oração contemplativa ou lido algum livro ou artigo sobre o assunto, ela viveu numa postura que é capturada na próxima obra de arte que desejo que consideremos. A pintura é do artista holandês Vermeer, e é sua resposta artística a uma meditação sobre Lucas 10,38-42.

> Jesus, estando em viagem, entrou num povoado, e uma mulher, que se chamava Marta, o hospedou em sua casa.

> Sua irmã, chamada Maria, sentou-se aos pés do Senhor e escutava a sua palavra.

Johannes Vermeer
(1632-1675)

Nascido em Delft, Johannes Vermeer foi um artista holandês que só veio a ser reconhecido por sua arte cem anos atrás. Ele chegou ao noticiário mais recente por meio do filme *Moça com brinco de pérola*, baseado no romance homônimo de Tracy Chevalier — cujo tema é uma pintura visualmente deslumbrante de Vermeer, também intitulada assim.

Jesus na casa de Maria e Marta (1654) foi uma das primeiras pinturas de Vermeer e sua única obra religiosa conhecida. Criado num lar protestante reformado, Vermeer estaria imerso nas histórias da Bíblia e conheceria bem esse relato específico do Evangelho. Mais tarde, ele se converteu ao catolicismo quando se casou com Catharina Bolnes, com quem teve quinze filhos. Seu pai era um tecelão de tecidos finos, além de negociante de arte e estalajadeiro. Muitas das pinturas de Vermeer evidenciam sua exposição à cor e textura dos tecidos em razão de sua proximidade com a empresa do pai.

Marta, pelo contrário, estava atarefada com o serviço da mesa.

Ela se aproximou e disse: "Senhor, não te importas que minha irmã me deixe sozinha a servir? Manda que ela me ajude".

Mas Jesus lhe respondeu: "Marta, Marta, tu te afliges e te preocupas com muitas coisas;

mas só uma coisa é necessária. Maria escolheu a melhor parte, que não lhe será tirada".

Essa passagem é o relato da visita de Jesus à casa de Maria e Marta. O foco de Vermeer é o versículo 39: "Sua irmã, chamada Maria, sentou-se aos pés do Senhor e escutava a sua palavra". Ao olharmos para sua pintura, oramos para que possamos ser guiados à quietude diante do texto, que o Espírito pode então usar para que ouçamos a Palavra por trás das palavras.

Antes de olhar para a pintura, reserve um tempo para uma leitura meditativa dessa história da visita de Jesus às duas irmãs. Leia como se fosse a primeira vez. Observe todas as novas imagens ou pensamentos que vêm à sua mente. Observe a imagem da cena que surge em sua mente. Depois de fazer isso, passe um tempo olhando a pintura. Sente-se com conforto e serenidade, sem distrações, e em espírito de oração busque a orientação do Espírito Santo — pedindo que seus olhos e coração sejam abertos para as realidades espirituais que ela apresenta.

PRIMEIRAS IMPRESSÕES — OLHANDO

A representação de Vermeer desta conhecida história mostra os três amigos juntos numa sala[2]. Mostra o momento em que Jesus responde à reclamação de Marta sobre a aparente negligência de Maria em ajudá-la.

Como essa pintura muda ou aumenta sua compreensão da história? Qual é a sua resposta inicial a isso? Essa cena difere daquela que você talvez tenha formado em sua imaginação ao ler a história?

A pintura mostra um interior intimista. As três pessoas são obviamente amigas muito próximas. Jesus tem um longo relacionamento com Maria e Marta e talvez as tenha visitado com frequência. Aqui, sentado à mesa, ele parece relaxado e confortável em sua casa. Marta está ocupada preparando a comida que eles estão prestes a comer, enquanto Maria está sentada aos pés de Jesus, ouvindo-o.

Observe como essa representação transcende o tempo. Todos os elementos apontam para um cenário próprio da cultura e do período de Vermeer. Mas Jesus permanece vestido com os trajes do Oriente Médio de sua época e lugar. O Jesus histórico vem ao encontro das irmãs no mundo delas. Ele faz o mesmo por nós.

A sala está escura, o que ajuda a destacar as três figuras dominantes nessa narrativa. A luz traz todas elas para um foco nítido. Elas

---

2   Johannes Vermeer, *Jesus na casa de Maria e Marta* (1654). Cf. <http://www.essentialvermeer.com/catalogue/christ_in_the_house_of_mary_and_martha.jpg>. Acesso em: 26 abr. 2022.

estão mantidas muito próximas no interior de um grande triângulo, no centro do qual se vê um pano branco brilhante, também triangular. Esse dispositivo artístico nos convida a entrar no drama da pintura e dele participar. Vamos entrar juntos.

O texto nos lembra que, quando Jesus chegou à casa delas, Marta se apressou em fazer os preparativos para receber esse convidado especial. Ela estava demonstrando a hospitalidade normal e esperada para a cultura do tempo de Jesus, oferecendo uma refeição. No meio de seus preparativos apressados, ela percebeu que Maria estava sentada aos pés de Jesus, ouvindo-o, em vez de ajudá-la com o trabalho. Isso é perfeitamente compreensível para nós. Nós também ficaríamos irritados ou até mesmo com raiva se tivéssemos de fazer todo o trabalho quando um convidado nos visita, enquanto outros permanecem sentados sem oferecer ajuda.

Então, em sua frustração e distração, Marta se aproximou de Jesus e reclamou dessa situação para ele. Ela expressou seu ressentimento a Jesus: "Senhor, não te importas que minha irmã me deixe sozinha a servir? Manda que ela me ajude". Parecia-lhe tão injusto que Maria permanecesse sentada conversando enquanto ela própria fora deixada sozinha com os preparativos. A resposta de Jesus, que à primeira vista parecia ter um toque de impaciência e repreensão, foi mais de tristeza e anseio. Ele queria que Marta se juntasse a ele e a Maria neste cálido círculo de amizade.

Jesus reconheceu a contribuição de Marta para as "muitas coisas" que precisavam ser feitas. Mas em seguida disse que ela estava muito preocupada com eles e precisava fazer a "única" coisa necessária. Essa única coisa era estar totalmente presente para ele e desfrutar de sua companhia.

UM OLHAR MAIS ATENTO

Olhe para Marta na pintura. As mangas de suas vestes, que são simples e práticas, estão puxadas para cima para permitir que ela trabalhe mais livremente. Em suas mãos ela segura uma cesta de pão, que provavelmente ela mesma assou. O relacionamento entre Marta e Jesus é obviamente estreito e íntimo o suficiente para ela ser totalmente honesta com ele sobre seus sentimentos. Seus preparativos culinários indicam cuidado e amor por um amigo muito especial. No entanto, Jesus está solicitando algo mais dela. Ao colocar a refeição na mesa, ela vira o rosto para Jesus para expressar suas preocupações.

Jesus, por sua vez, também olha para Marta, mas faz um gesto em direção a Maria para indicar a única coisa boa que "não lhe será tirada". É um gesto aberto e caloroso que também comunica a Marta que ela está incluída nele, se ela o permitir. A interação entre as três figuras cria um movimento contínuo entre elas, numa pintura que de outra forma seria estática. A luz e o amor no rosto de Jesus quando ele se volta para Marta expressa um desejo terno e compassivo de ter comunhão com ela também. Observe como sua mão direita, aberta, estendida e destacada pela brilhante toalha branca de mesa, não está apenas apontando para Maria, mas também é um convite gentil para passar um tempo em sua agradável companhia. Sua mão parece estar nos oferecendo o mesmo convite. Como você responde?

Sempre que eu ouvia essa história, costumava perceber a condenação no tom de Jesus em relação a Marta. Muitas vezes sou uma Marta em minha ocupação e meu esforço obstinado em agradar a Deus, e tenho anseio de ser mais como Maria e estar mais presente para Jesus. A reflexão sobre esta pintura mudou isso para mim. Agora eu ouço um convite gentil e um desejo nas palavras de Jesus para que eu venha e me sente aos seus pés e apenas esteja com ele. Sinto que posso ir nessa direção com mais prontidão e conforto, porque sei que meus presentes para ele são valorizados e não serei rejeitada.

Como é a tal coisa necessária? Vamos voltar nosso foco para Maria. Ela se encontra sentada num banquinho baixo aos pés de Jesus. Suas roupas são mais brilhantes e coloridas. Poderia ser algo especial que ela vestiu para esta ocasião? Isso pode refletir a expectativa pela visita dele e sua preparação pessoal para ela. Ela está sentada de maneira descontraída, com o braço esquerdo descansando levemente sobre o joelho esquerdo. Seu braço direito apoia o rosto (uma reminiscência da postura de contemplação de Jesus na pintura de Moretto da Brescia) enquanto ela se inclina ligeiramente para a frente em atenção às palavras de Jesus. Seus pés estão descalços, indicativos de sua humildade e o símbolo visível de um discípulo.

Maria nos transmite uma atitude de total abertura e receptividade a Jesus. Ela está sentada em postura de silêncio e atenção. Sua posição na pintura a separa de Marta e das atividades do ambiente. Ela parece quase isolada em sua devoção. Todo o seu ser é arrebatado por Jesus. Como uma criança, não há nada ao seu redor que a distraia de sua concentração de pensamento e de olhar únicos. A postura dela é de devoção natural e espontânea, fluindo de um coração amoroso. Ela não disse: "*Devo* ter meu momento tranquilo a sós com Jesus". Para Maria, este não foi um momento que surgiu por obrigação ou dever. Em vez disso, ela está absorvida em sua contemplação e olha para Jesus como uma amante fascinada olha para seu amado. Seu olhar é aquele que nos comunica poderosamente o significado da oração contemplativa cristã.

Em Maria vemos os elementos de quietude, silêncio, solidão e um coração atento. Já reconhecemos que não é fácil em nosso mundo acelerado entrar neste espaço contemplativo. Como Maria, precisamos nos dispor a isso, separando o tempo e o espaço para nos afastarmos de nossas atividades laboriosas e preocupantes. Ela nos mostra como simplesmente podemos nos sentar e estar com Deus — livres de distrações ou tagarelice, de análise ou autoexame para ver o que ela está obtendo com o encontro. Livre disso, ela tem espaço para Deus e fica apenas com um olhar de adoração e atenção.

Maria está tão próxima de Jesus que parece fundir-se com ele na pintura. O joelho dela parece tocar o dele. A representação sombreada de suas vestes faz pouca distinção entre eles. A pintura transmite uma verdadeira intimidade física e de coração. A tapeçaria vívida e suntuosa atrás de Maria contribui para a sensação de calor e vitalidade neste relacionamento. Esta é uma amizade pródiga, que permite espaço para estar juntos e nada mais.

A oração contemplativa permite que Maria e nós ouçamos com total entrega a Deus. É nessa postura que podemos realmente ouvir a sua voz. Precisamos ficar quietos, parar de falar e deixar-nos arrastar para o mistério silencioso que é Deus. Observe que Maria e Jesus estão bem no meio da atividade doméstica. Jesus vem a nós, comunga conosco, em meio à existência cotidiana. Nosso desafio é estar tão sintonizados com ele ali que somos atraídos para a quietude de coração, não importa quais sejam as circunstâncias ao redor. A prática da oração contemplativa cultiva esse silêncio interior.

Jesus responde às atenções dela com um calor convidativo. Ao mesmo tempo, ele incentiva Marta a deixar de lado sua absorção ativa e a considerar a possibilidade de escolher outra maneira de se relacionar com ele. O que preocupava Marta não era algo desimportante ou trivial. Era uma observância necessária da tradição cultural e da hospitalidade. Era sua maneira de oferecer a Jesus seu presente, a hospitalidade. Foi essa a maneira como ela expressou seu amor por ele. No entanto, Jesus parece estar dizendo a ela que por mais necessárias que essas coisas sejam, elas devem fluir de uma postura e de um coração como os de Maria — devem fluir de devoção e amor.

Todas as nossas ações devem fluir do ser; e nada fundamenta nosso ser em Deus como o estar com Deus. Passar um tempo em quietude contemplativa, sem palavras, mesmo que pareça uma perda de tempo: isso é orar — porque é estar com Deus. Num mundo que mede o progresso e recompensa as conquistas, essa maneira de ser contraria as maneiras como fomos condicionados a responder a Deus. Orações de louvor repletas de palavras, adoração e petições a Deus são necessárias à vida de fé, mas com frequência negligenciamos esse fundamento contemplativo da oração, que é igualmente importante. Onde paramos de falar e simplesmente ouvimos: é aí que podemos discernir mais facilmente a voz suave e serena de Deus. É aí que podemos simplesmente permanecer sentados e contemplar nosso amado.

PARA REFLEXÃO E DISCUSSÃO

- Releia Lucas 10,38-42 e, em seguida, olhe novamente para a pintura de Vermeer. Coloque-se dentro da moldura. Com quem, na pintura, você se identifica neste momento? Onde você estaria? O que estaria fazendo? Em que estaria pensando? Ao olhar novamente para Marta, o que estaria na cesta que você próprio preparou — quais as preocupações de sua vida, as "tantas coisas" que o preocupam e incomodam, e que podem levá-lo a evitar a quietude diante de Deus? Agora olhe para Jesus. O que ele está lhe dizendo? Como ele reage à maneira como você se relaciona com ele? Que convite ele está fazendo para você agora?

- Qual seria sua forma de olhar para Deus? Como você reagiria se estivesse sentado em confortável presença diante de Deus? Que expressão haveria em seu rosto? Que pensamentos haveria em seu coração? Como isso o levaria de volta ao mundo, e como você poderia viver de maneira diferente se dedicasse um tempo mais regular para estar com Deus em silêncio?

* Reflita sobre o convite do salmista: "Parai! Ficai sabendo que eu sou Deus" (Sl 45,11). Ouça isso mais como um convite do que como um comando. Considere isso como um convite para estar com Deus em tranquilidade, o que permitirá que você conheça a Deus por meio da presença, não apenas das palavras. Começamos a oração contemplativa nos regozijando na presença de nosso amado e, em seguida, levando essa presença conosco enquanto vivemos nossas vidas diárias no mundo. Se você ouvir um convite para estar assim com Deus, fale com ele sobre como você deseja responder. Considere também falar desse convite e de sua resposta planejada para alguém em quem você confia o suficiente para compartilhar essas questões.

4

EM SINTONIA COM A PRESENÇA DE DEUS

JEAN-FRANÇOIS MILLET
O Angelus

O tipo de consciência que temos considerado até este ponto é a oração. É uma atitude interior de resposta ininterrupta em nosso coração ao amor constante e à presença de Deus. Uma elevada consciência de Deus pode se tornar um modo de vida habitual. Ela contém até mesmo a possibilidade de se tornar uma oração incessante, o tipo de oração encorajada por Paulo em 1 Tessalonicenses 5,17 s., quando ele ensina que a oração incessante é a vontade de Deus.

À primeira vista, a oração contínua parece impossível e impraticável. Mesmo a oração frequente e fiel é difícil. Como poderíamos reservar um dia inteiro para oração contínua? Temos de cuidar da família, trabalhar, ganhar o sustento. Parece mesmo impossível uma vida de oração incessante e contínua.

O problema, entretanto, está em nossa compreensão da oração. Em vez de pensar na oração como comunicação com Deus, pense nela como uma abertura para Deus. A oração incessante é, então, uma abertura incessante para Deus. Pense na diferença que faria para a nossa vida se vivêssemos com uma consciência constante da presença de Deus em meio à nossa experiência de vida diária. Isso decorre de um espírito que se volta para Deus com franqueza e atenção confiante. Vem de uma vida baseada na oração incessante.

Somos chamados a viver no mundo, não para sermos dele. Para fazer isso, precisamos estar fundamentados em Deus e viver com consciência constante de nossa relação com ele. Isso é o que vemos na vida de Jesus. Ele mal parecia estar ciente de si mesmo como indivíduo. Ele sempre falava de si mesmo *e* de seu pai. Nada era mais importante para ele do que fazer a vontade de seu pai. Ouça novamente algumas das palavras conhecidas de Jesus:

- "Eu e o Pai somos um" (Jo 10,30).
- "porque não falei por minha conta, mas aquele que me enviou, o Pai, me determinou o que dizer e anunciar" (Jo 12,49).
- "Quem me vê, vê também o Pai" (Jo 14,9).
- "Crede-me: eu estou no Pai e o Pai em mim" (Jo 14,11).

A relação de Jesus com o Pai foi a base de sua vida. Era o âmago de sua identidade e o centro silencioso do qual ele vivia. E é o centro do qual podemos viver nossa vida.

Segundo o testemunho dos santos, a consciência incessante da nossa relação com Deus é possível. A pintura de Millet, *O Angelus,* nos apresenta uma maneira de torná-la realidade em nossa vida. Lida de forma contemplativa, nos ajuda a voltar a atenção e o coração para o Senhor enquanto fazemos uma pausa para absorver a maravilha e o mistério da vida de Cristo. Mas antes de analisá-la, vamos considerar a oração que ela descreve — a oração conhecida como "o Angelus".

O ANGELUS

De origem no século XIII, o *Angelus* é uma prática de oração que continua corrente para muitos cristãos em todo o mundo e possui um potencial particular para todos os que buscam viver uma vida de oração incessante. O *Angelus* é uma oração simples, adequada para quem deseja aprender a voltar a atenção para Deus com mais frequência. Rico em doutrina e devoção, o *Angelus* comemora o mistério da encarnação. É uma lembrança bíblica da visita do anjo Gabriel a Maria para lhe revelar que ela havia sido escolhida para dar à luz o menino Jesus.

Jean-François Millet
(1814-1875)

Millet nasceu numa família de camponeses franceses; seus pais trabalhavam muitas horas no campo todos os dias. Seu amor pela natureza e pela Bíblia foi inspirado por uma avó devota e por pais que o educaram na fé.

Millet sentiu-se particularmente atraído pelas belas gravuras da Bíblia da família. Elas se tornaram a inspiração para muitas de suas pinturas, e ele usou seus dons artísticos para reproduzir o mundo ao redor. Seu talento foi reconhecido por seu pai e pelos párocos, que lhe proporcionaram as vantagens de uma excelente educação. Mergulhado em mitologia, grego e latim, Shakespeare e Milton, na literatura dos místicos espirituais clássicos e na Bíblia (que ele chamava de "o livro do pintor"), Millet foi incentivado por sua família a crescer na fé e a viver para que "todo teu desejo seja o de louvar a Deus em pensamento, palavra e ação"[1]. Sua avó foi uma fonte de especial encorajamento espiritual, dizendo a Millet para "pintar para a eternidade... e nunca perder de vista a presença de Deus"[2].

Muitas das pinturas de Millet retratam a vida camponesa, o que o leva a ser frequentemente chamado de "o pintor camponês". Este era o mundo em que ele nasceu; e ele conheceu em primeira mão as dificuldades do trabalho na terra. A pintura que estamos considerando é em grande parte reflexo de sua experiência pessoal de observar essa oração tradicional de sua fé e cultura, uma experiência que faz de sua infância. *O Angelus* (1857-1859) está exposto no Musée d'Orsay, em Paris.

A própria oração incluía a declaração do anjo a Maria — "Conceberás e darás à luz um filho, ao qual porás o nome de Jesus" (Lc 1,31) — sua resposta a esta notícia — "Eis aqui a serva do Senhor. Seja-me feito segundo a tua palavra" (Lc 1,38) — e uma meditação sobre o Verbo que se tornou carne em Jo 1,14 — "E o Verbo se fez carne e habitou entre nós. Nós vimos sua glória, glória que recebe de seu Pai como Filho Único, cheio de graça e verdade" — intercalada com a resposta da oração "Ave Maria".

---

[1] Netta Peacock, *Millet* (New York: Dodge Publishing, 1905), p. 40.
[2] Ibid., p. 50.

Tradicionalmente, o *Angelus* era recitado três vezes ao dia — ao amanhecer, ao meio-dia e ao anoitecer —, cada vez sendo anunciado pelo toque dos sinos da igreja. Com seu chamado, os participantes não só interrompiam suas atividades e respondiam com oração, mas também espalhavam as boas-novas desse evento salvífico para outros. O toque dos sinos da igreja era, portanto, um chamado para reconhecer e agradecer a Deus pela obra salvífica de Cristo. O próprio Millet observou como seu próprio pai nunca deixava de responder aos sinos, interrompendo o trabalho onde quer que estivesse, para rezar o *Angelus* todos os dias, "devotamente, chapéu na mão".

OLHANDO E OUVINDO

Antes de continuar, reserve alguns minutos para olhar com atenção o *Angelus*, de Millet[3]. Permita-se um tempo suficiente para entrar na pintura e perceber o máximo de características que puder. Permaneça em silêncio diante dela, como se você também tivesse acabado de ouvir o toque dos sinos da igreja, chamando-o para a oração.

A pintura apresenta dois camponeses num campo, quase ao final do dia. Também vemos o vago contorno de uma cidade atrás deles à distância. Observe o foco da pintura e a paisagem circundante. O que é mais impressionante para você em relação a essas pessoas na cena?

Os dois camponeses de Millet dominam a paisagem, suas figuras monumentais quase recortadas contra a terra de cultivo plana que os rodeia. Este é um momento de reverência profunda e silenciosa. Todo o trabalho foi abruptamente interrompido, e o homem e a mulher permanecem em silêncio, curvados enquanto refletem sobre a encarnação de Jesus, a meditação para a oração da noite[4]. Cada um, em particular,

---

3   Jean-François Millet, *O Angelus* (1857-1859). Cf. <https://gardenofpraise.com/images/angelus4.jpg>. Acesso em: 26 abr. 2022.
4   Muito se escreveu sobre a interpretação dessa pintura de Millet. O pintor surrealista Salvador Dalí levantou a hipótese de que os camponeses não estão rezando o *Angelus*, mas rezavam por seu filho morto, enterrado sob seus pés. Uma

ora e medita sobre a Escritura que os lembra da visita de Maria pelo anjo, onde ele lhe diz: "Conceberás e darás à luz um filho, ao qual porás o nome de Jesus" (Lc 1,31). Eles refletem sobre o mistério de sua entrega voluntária à vontade de Deus, e sobre o mistério do Verbo que se fez carne. O homem, chapéu na mão, mostra-se em devota humildade e adoração. A mulher também inclina a cabeça, as mãos firmemente entrelaçadas em oração perto do peito. É um momento intensamente privado para cada um deles, mas sua oração compartilhada os une numa aliança sagrada onde Deus está presente.

Observe a configuração em que esses dois indivíduos se encontram. A seus pés, vê-se uma grande cesta de batatas, que eles temporariamente deixam de lado para cumprir seu ritual de fim de tarde. Ao lado do homem está seu forcado, que ele pôs à parte, cravado no chão. Atrás da mulher, há um carrinho de mão com sacos dentro dos quais está o fruto de seu trabalho — batatas recém-colhidas. Na distante névoa, podemos ver a torre da igreja da aldeia emergindo no horizonte. Certamente, foram seus sinos que convocaram essas pessoas para orar e anunciaram as boas-novas do Verbo que se tornou carne. O céu está dourado com a luz do sol do crepúsculo; e pássaros, quase imperceptíveis, voam no canto direito da pintura.

Tudo nessa obra nos convida à quietude e meditação. As figuras estão imóveis. Os instrumentos de seus ofícios estão abandonados. A paisagem é completamente plana e despovoada, exceto por esses dois indivíduos que prendem nossa atenção. Não há movimento algum, exceto pelos pássaros quase invisíveis no céu distante. O tempo quase parece ter parado, e nos damos conta de que esse momento é especial e sagrado. Não é um tempo comum — ele o transcende. Esse momento de oração transporta essas pessoas contemplativas para o tempo *kairós* eterno de Deus. Para essas pessoas de oração, com os olhos do coração voltados para Deus, o mundo realmente escureceu, dissolvido na luz celestial. O brilho da luz atrás deles, símbolo da gló-

---

radiografia da tela posteriormente revelou o que pode ser considerado uma forma semelhante a um caixão sob a obra acabada, apontando que a intenção original do artista pode ter sido diferente de sua versão final. No entanto, permanece a visão geralmente aceita de que a pintura é a representação de um casal rezando o *Angelus*, e essa disputa acadêmica não deveria nos distrair da leitura espiritual da pintura que eu ofereço.

ria radiante de Deus, parece incutir dignidade e nobreza em suas humildes tarefas diárias.

Ao olhar para essa pintura, quase podemos ouvir os ecos brandos dos sinos da igreja que levaram essas pessoas a fazer uma pausa para rezar. O calor do brilhante céu crepuscular que envolve esse casal também nos convida a descansar por um momento de nossas ocupações e voltar nossa atenção para Deus. Olhando para esta obra de arte, vejo-me capturada na vastidão silenciosa da misericórdia e do amor de Deus. A quietude devocional e o foco das duas figuras me levam ao silêncio. Sinto-me atraída pelo tipo de fé demonstrada por esses camponeses. Eles me convidam a reservar, com mais frequência, breves momentos para olhar o rosto de Deus ao longo do dia[5].

VOLTANDO NOSSA ATENÇÃO PARA DEUS — RESPONDENDO

A prática da oração do *Angelus* é um lembrete do valor de reservar momentos específicos durante o curso do dia, por mais breves que sejam, para suavemente voltar nossa atenção para Deus e reconhecer sua presença. Se você mora num ambiente urbano, pode ser que os sinos de uma igreja em seu campo auditivo já toquem o *Angelus*. Ainda que não seja no horário tradicional, eles ainda podem tocar regularmente e você pode usar a audição desse toque como um lembrete para fazer uma pausa e voltar sua atenção para Deus. O que quer que você faça em resposta a essa mudança de atenção é oração. Você pode falar o nome de Deus em silêncio. Ou pode simplesmente oferecer uma expressão de gratidão pela presença de Deus. Qualquer ato de voltar sua atenção para Deus significa uma prática no cultivo da oração incessante.

Mas muitas outras coisas além dos sinos da igreja podem servir como lembrete para voltarmos nossa atenção a Deus. Algumas pessoas ajustam o despertador para emitir um pequeno apito a cada hora — usando isso como lembrete a se voltarem para Deus. Começando com essa ação simples, Frank Laubach — um missionário americano

---

5 Ver Thomas Green, *Opening to God: A Guide to Prayer* (Notre Dame: Ave Maria Press, 1977), p. 31.

do século XX nas Filipinas — passou a ajustar seu alarme para tocar no início de cada minuto. Depois de apenas quatro semanas voltando a atenção para Deus por um segundo em cada minuto do dia, ele escreveu: "Sinto-me simplesmente levado a cada hora, fazendo minha parte num plano que está muito além de mim. Esse senso de cooperação com Deus nas pequenas coisas é o que mais me surpreende, pois nunca havia me sentido assim antes"[6]. Essa é a tentativa de um homem de praticar a oração incessante. Para a maioria de nós, isso seria impraticável. No entanto, mostra como podemos cultivar a atenção para Deus. Fazer isso é um dos frutos da meditação sobre a arte bíblica.

Existem muitos outros momentos recorrentes durante o dia que você também pode usar como lembrete para elevar seu coração e voltar a atenção para Deus. Você poderia, por exemplo, fazer isso sempre que olhar o rosto de alguém. Fazer isso poderia se tornar uma oração por eles e uma ocasião de realinhamento de seu próprio espírito com o espírito de Deus. Ou você poderia fazer a mesma coisa cada vez que passar por uma porta, apagar ou acender uma luz, ou abrir um novo *e-mail* ou mensagem de texto. Considere o número de vezes no dia em que sentimos como se estivéssemos perdendo tempo — tempos de espera em aeroportos, parados em congestionamentos, olhando o relógio enquanto esperamos ser chamados pelo médico ou dentista, impacientemente passando de um pé para o outro até que o próximo cliente na caixa registradora termine de pagar, aguardando o sinal da entrada da escola de nossos filhos. Estes podem ser momentos em que voltamos a atenção para Deus, em que oferecemos pequenas expressões de gratidão ou petições, ou simplesmente notamos onde Deus está naquele momento. Ao nos voltar deliberada e conscientemente para Deus em momentos regulares em nossos dias, aprendemos a fazer desse ritmo o fundamento de nossa vida. Também começamos a descobrir a realidade extraordinária da presença divina em meio à experiência comum.

A prática da atenção ao longo do dia também pode ser cultivada expressando regularmente a gratidão a Deus pelas dádivas que recebemos. Quanto mais fizermos isso, mais perceberemos. Você pode começar reservando um tempo ao final do dia para rever e agradecer

6   Frank Laubach, *Practicing His Presence* (Goleta: Christian Books, 1976), p. 5.

a Deus pelas bênçãos que recebeu. Não se limite a bênçãos que pareçam espirituais ou religiosas. Simplesmente observe Deus em meio às experiências cotidianas — a beleza do mundo natural, a bondade inesperada de um estranho ou amigo, os olhos expressivos de uma pessoa em situação de rua, o riso brincalhão de uma criança ou o som de uma música no vento. Cada experiência nos oferece a oportunidade de voltar o coração para Deus, que sempre anseia por comunhão conosco. Esses são momentos para expressar gratidão pelos dons da presença amorosa de Deus e, fazendo uma pausa com quietude e atenção, para permitir que Deus transforme a consciência. A lembrança frequente dos atos graciosos de Deus nos leva à oração incessante, pois nossa atenção está cada vez mais voltada para ele.

Thomas Green descreve a oração como "uma abertura da mente e do coração para Deus"[7]. Tudo o que é necessário para a oração é que nos voltemos com abertura confiante e atenção para Deus. Podemos não ter sinos de igreja que nos convidem a fazer uma pausa no campo e orar, mas podemos estabelecer um ritmo de oração em nossos dias que nos permita cultivar a comunhão de oração incessante com Deus.

PARA REFLEXÃO E DISCUSSÃO

- Retorne ao *Angelus* de Millet e junte-se ao silêncio e quietude dos camponeses diante de Deus. Reserve algum tempo para se permitir ser atraído para a cena. Sua experiência de vida pode ser diferente das descritas na pintura. Mas junte-se aos camponeses num momento de oração. O que você experimenta ao ficar de pé em silêncio com eles, com o coração aberto a Deus? Ao fazer isso, você experimenta quais convites para voltar-se regularmente para ele?

- Quais chamados para a oração você poderia incluir em seu dia como lembretes para voltar-se regularmente para Deus? Como você pintaria isso se fosse para mostrar esses lembretes e a ma-

---

7   Green, *Opening to God*, p. 31.

neira como gostaria de responder? Como você ficaria nessa pintura se fosse para mostrar o seu coração enquanto experimenta esses breves momentos de comunhão com Deus?

- Considere também a prática de uma revisão diária de seu cotidiano, olhando no espelho retrovisor em busca de sinais da presença e das dádivas de Deus. Um coração de gratidão para com Deus é um coração de oração; e, à medida que sua gratidão cresce, desenvolve-se uma vida de oração incessante e atenção contínua a Deus.

- Finalmente, comece a praticar este tipo de atenção à presença de Deus ao longo do dia. Ouça e procure Deus nas pessoas ao redor, nas circunstâncias de sua vida e no fundo de seu coração. Se você tiver problemas para discernir a presença de Deus nas circunstâncias e experiências, agradeça a ele pela presença amorosa e peça ajuda para perceber mais claramente o Emanuel — Deus conosco.

*

PARTE DOIS

VISÃO TRANSFORMADA

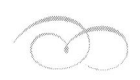

*

5

CHAMADO PARA VER

Nicolas Poussin
A adoração dos pastores

A espiritualidade cristã é uma jornada para a comunhão e união amorosa com Deus. É aprender a olhar a face de Deus e, em vez de sentir culpa, medo ou vergonha, conhecer o objeto de nosso amor. O primeiro vislumbre da intimidade potencial da relação de Deus com a humanidade transparece na história da criação em Gênesis. Adão e Eva eram capazes de olhar a face de Deus e desfrutar uma comunhão perfeita com ele. Com olhos puros e em completa liberdade, podiam andar e falar com Deus no Jardim do Éden. Nada se interpunha entre eles e Deus. Mas de repente, ao comer o fruto da árvore proibida, a visão deles foi alterada. Segundo a descrição bíblica, eles tiveram os olhos abertos e perceberam que estavam nus. Mas também poderíamos dizer que seus olhos se fecharam, no sentido de que perderam a consciência de sua comunhão íntima com Deus. Seu relacionamento perfeito com Deus foi rompido e eles sofreram as consequências de seus pecados. A partir daquele momento, Deus procurou restaurar o vínculo rompido e curar a visão e o conhecimento danificados de Adão e Eva.

O Antigo Testamento detalha a longa e dolorosa história dos tratos de Deus com seu povo enquanto ele tenta aproximá-los. É a história de um povo que colocou toda a sua vida nas mãos de Deus num momento e no outro se voltou para a descrença. Essa jornada volúvel estava, por um lado, repleta de detritos de sua falha em confiar em Deus; e, por outro, era preenchida com os atos correspondentes de perdão e restauração de Deus. Há registro de muitos casos em que os profetas, depois de ver pessoalmente e responder à glória de Deus em sua jornada de fé, conclamaram os israelitas a erguer o olhar, voltar-se para Deus e segui-lo. Moisés disse a seu povo no Mar Vermelho: "Permanecei firmes e vereis a salvação que Javé há de realizar" (Ex 14,13). Os Salmos ecoam os chamados para contemplar as maravilhas da obra de Deus e provar a bondade de Deus.

São infindáveis os convites para nos aproximar e ver Deus. Se tivermos o hábito de buscar Deus em todos os lugares, começaremos a discernir novamente esses convites. Despertados para a presença de Deus em nosso meio, e com os olhos voltados em expectativa para Deus, estaremos prontos para ouvir e responder aos dons da graça que enchem nossa vida. Deus continuamente nos convida a vir, a nos aproximar e ver por nós mesmos quem é ele. Podemos optar por aceitar, rejeitar ou ignorar estes convites, mas eles são sempre estendidos a nós com a oferta de um amor transformador.

VENHA E VEJA — OUVINDO

Um dos convites mais conhecidos para vir e ver é aquele oferecido aos pastores quando a hoste angelical proclamou o nascimento de seu Messias. Essas notícias os impeliram a correr para Belém para ver por si mesmos o que os anjos estavam dizendo. O relato completo é encontrado em Lucas 2,8-20. Sente-se num lugar tranquilo e prepare seu coração e sua mente para recebê-lo. Leia a passagem lenta e reflexivamente, observando as coisas que podem chamar a atenção. Pode ser uma palavra ou frase, uma imagem, uma sensação ou uma memória. Em espírito de oração, atente para o convite que ele lhe oferece para vir e ver.

> Nos arredores, havia uns pastores que pernoitavam nos campos, montando guarda a seu rebanho.
>
> Um anjo do Senhor lhes apareceu e a glória do Senhor os envolveu de luz. Ficaram aterrorizados.

Nicolas Poussin
(1594-1665)

Nicolas Poussin, um dos fundadores do classicismo europeu, foi considerado o maior e mais influente artista francês do século XVII. Ao término de alguns estudos na França, ele viajou para a Itália, onde foi muito influenciado pelos artistas venezianos. Passou grande parte de sua vida em Roma, exceto por dois anos servindo como pintor da corte de Luís XIII. Tornou-se grande admirador da antiga civilização romana, dedicando grande parte do tempo ao desenho de estátuas antigas que estavam por toda parte em seu país de adoção.

Educado por monges, Poussin recebeu sólida formação nos ensinamentos de sua fé durante a infância. As histórias da Bíblia eram muito familiares para ele, que, na meia-idade, produziu muitas pinturas baseadas em eventos bíblicos. *A adoração dos pastores* foi pintada entre 1633 e 1634 e encontra-se na National Gallery de Londres. Voltadas para a Contrarreforma, as obras de Poussin ilustravam os significados espirituais de seus temas. Seus tópicos religiosos eram escolhidos por sua pompa e drama, e, embora tivessem clareza e monumentalidade clássicas, eles nunca eram frios ou sem vida. Em vez disso, suas pinturas contavam uma história cujas figuras irradiavam vida e vitalidade próprias por meio de seus gestos e expressões faciais.

Mas o anjo falou: "Deixai desse medo! Eu vos anuncio uma boa nova, de grande alegria para todo o povo:

Hoje, na cidade de Davi, nasceu para vós um Salvador, que é o Cristo Senhor.

Isto vos servirá de sinal: encontrareis um recém-nascido enrolado em faixas e deitado numa manjedoura".

De repente, ajuntou-se ao anjo uma multidão do exército celeste, que louvava a Deus aclamando:

"Glória a Deus no mais alto dos céus e paz na terra aos homens por ele amados".

Logo que os anjos se retiraram para o céu, os pastores disseram entre si: "Vamos até Belém para ver este acontecimento, que o Senhor nos deu a conhecer!".

Eles foram, sem demora, para lá e encontraram Maria, José e o recém-nascido deitado na manjedoura.

Depois que o viram, contaram o que lhes tinha sido dito a respeito dele.

Todos os que ouviram ficaram maravilhados com o que os pastores contavam.

Por sua vez, Maria conservava com carinho todas estas recordações e as meditava em seu coração.

Depois, os pastores voltaram, glorificando e louvando a Deus por tudo o que tinham ouvido e visto, de acordo com o que lhes tinha sido anunciado.

Agora volte sua atenção para a pintura do artista classicista francês Nicolas Poussin, intitulada *A adoração dos pastores*, e dedique a ela um olhar demorado. Pintada por volta de 1634[1], ela retrata o evento encontrado em Lucas 2,15 s.: "Logo que os anjos se retiraram para o céu, os pastores disseram entre si: 'Vamos até Belém para ver este acontecimento, que o Senhor nos deu a conhecer!'. Eles foram, sem demora, para lá e encontraram Maria, José e o recém-nascido deitado na manjedoura". Ao meditar sobre este texto, que imagens surgiram para você? Onde você estava na cena? O que viu e ouviu?

OLHANDO

Talvez a sua imagem desses eventos seja o interior escuro de um celeiro. Talvez você se lembre de pinturas de outros artistas que colocam a sagrada família numa estrutura rústica, cercada por palha e animais de fazenda — um começo humilde para um rei. Mas na pintura de Poussin vemos esse evento ocorrendo ao ar livre. Aqui, os pas-

---

1 Nicolas Poussin, *A adoração dos pastores* (1633-1634). Cf. <https://www.freeart.com/gallery/p/poussin/poussin24.jpg>. Acesso em: 26 abr. 2022.

tores se curvam em adoração diante do menino Jesus, enquanto seres angelicais pairam delicadamente sobre eles. Não há estábulo, apenas as ruínas de uma estrutura que já foi grandiosamente sustentada por colunas dóricas clássicas.

A pintura apresenta uma composição perfeita, bem equilibrada e ordenada, com linhas nitidamente definidas, espelhando a clareza da fé pura. Todas as figuras são cuidadosamente colocadas na tela ao estilo de frisos. A composição dos dois grupos principais leva nossos olhos através da pintura da esquerda para a direita e, em seguida, nos move para dentro e para trás em direção à paisagem ao fundo. O manto azul da mulher à esquerda a conecta visualmente com Maria e também mantém nossos olhos focados onde deveriam estar — no menino Jesus. Olhe para os triângulos ocultos que estão por trás dos querubins, os pastores adoradores e a sagrada família. Eles têm o mesmo propósito: conferir unidade e foco visual ao trabalho. No entanto, a cena não é estática ou formalmente rígida. A ordem estrutural e a simetria são contrabalançadas pela vitalidade e ternura poética das pessoas que ocupam seu espaço. O tecido azul e esvoaçante da pastora parece ser levantado pelo vento para indicar sua pressa em fazer esta peregrinação. Todos os rostos e gestos demonstram avidez, amor e admiração diante do que veem.

Reserve algum tempo para um exame mais atento da pintura. O que inicialmente atrai seus olhos? Qual é o ponto focal? Qual é a direção da contemplação de cada uma das pessoas na pintura?

Observe que toda a atenção está voltada para Jesus. Ele é o ponto focal. Todos os olhos se voltam para o Verbo que se fez carne — o Verbo que agora podemos ver. Os pés rechonchudos dos anjos apontam para baixo em uma linha que, se continuada, atrai nossos olhos descendo pelo pilar direito em direção a Cristo — um artifício artístico para nos indicar a parte ou pessoa mais importante na pintura.

Num nível óbvio, a pintura versa sobre a vinda dos pastores para adorar o menino Jesus, mas em outro nível versa sobre a visão. Até o burrinho tem os olhos fixos em Jesus, que é banhado por uma luz brilhante. Ali está a luz do mundo, seu minúsculo corpo acentuado pelo cueiro branco que sua mãe segura. Ele está deitado num cesto tosco, cheio de palha. Maria e José se inclinam sobre a criança, que também é o foco de sua admiração e adoração. Tudo acontece num lugar muito comum e humilde. Não há nada de espetacular para ver aqui que se compare ao grupo brilhante de anjos que inicialmente transmitiram a notícia. No entanto, se os pastores tivessem ignorado os visitantes celestiais, se tivessem se recusado a ver, eles teriam perdido esta gloriosa revelação de Deus, que se fez carne.

    Atrás do burro, são vistos dois homens que também viajaram para ser testemunhas desse nascimento. Eles gesticulam com as mãos e a cabeça enquanto conversam sobre o que estão vendo. Olhando através dos pilares e mais ao fundo da pintura, vemos outro grupo de pastores que estão olhando para o céu, que ainda brilha com a luz da hoste angelical em retirada. Eles parecem estupefatos e amedrontados por sua experiência, e se protegem de maneiras diferentes do brilho da glória celestial. Lembre-se de sua reação ao aparecimento dos anjos enquanto cuidavam de suas ovelhas — "ficaram aterrorizados". Os encontros com Deus podem ser assustadores porque nos colocam face a face com a majestade transcendente e a santidade de Deus. No entanto, em Jesus, Deus vem a nós e envia seus anjos para anunciar que ele é acessível. Não precisamos mais ter medo de nos aproximar de Deus. Agora somos convidados simplesmente a vir, ver e adorar. A figura ereta com um manto azul sobre a cabeça parece estar fugindo ou iniciando sua jornada em direção à manjedoura. Como você responderia a um encontro angelical tão incrível — com fuga ou receptividade?

    O artista apresenta a enorme importância desses eventos de várias maneiras. Ele compõe seu cenário numa estrutura de arquitetura clássica. Mas observe que ela está em decadência, rachando e se desintegrando em alguns lugares. Pedras caíram de sua alvenaria e estão espalhadas pelo chão diante dos pastores. O sistema do velho mundo está se desintegrando e desaparecendo para ser substituído por um novo e melhor. A mulher vestida de azul brilhante no lado esquerdo da pintura carrega uma grande cesta de frutas como um presente para Jesus. Ela também faz parte do velho mundo clássico e nos leva a pensar em pagãos ou pastoras trazendo suas oferendas de frutas e flores para seus deuses. A vinda de Cristo inaugurou uma nova era, uma nova aliança, que substitui a antiga. Mas como seu novo reino será realizado? Volte seu olhar para a viga de madeira que separa os anjos dos humanos abaixo. Se você olhar com atenção, verá que ela insinua a forma de uma cruz. O artista poderia estar fazendo uma referência sutil à futura obra de Cristo? A nova aliança só seria possível e efetiva por meio da vida, morte e ressurreição de Cristo.

A VISÃO QUE TRANSFORMA
— RESPONDENDO

Qual é, então, o sentido de toda essa visão? Isaías 7,14 nos diz: "Eis que a jovem mulher está grávida e dará à luz um filho, ao qual ela chamará de Emanuel". Deus se curvou, se humilhou e assumiu a forma humana. Com a encarnação de Jesus, Deus está conosco. Deus se aproximou de nós e agora nos convida a nos aproximar dele. A vinda de Jesus não é apenas para uns poucos escolhidos, mas para toda a humanidade e para redimir toda a criação. O menino Jesus, totalmente nu e vulnerável, encontra-se na manjedoura mais humilde — um sinal da disponibilidade de Deus para nós. Deus agora pode ser não apenas visto, mas tocado. Os pastores nessa cena estão perto o suficiente para tocar a criança, e talvez possamos imaginá-los curvando-se ainda mais a ponto de realmente estender a mão e tocá-la com temor e reverência. O mais próximo de Jesus está quase lá. Seus gestos transmitem claramente sua resposta emocional.

Sinto-me compelida a me juntar a esses pastores em sua resposta de adoração a Jesus. Olhando para eles, sou atraída para aquele que está na frente da fila, o mais próximo de Jesus. Ele parece estar na posição mais afortunada, pois se acha perto o suficiente para tocar a criança. Ele me puxa para dentro da pintura para estender a mão e tocar essa pequena maravilha resplandecente que é o menino Jesus. Mas ele também me faz pensar sobre quais seriam os melhores presentes que eu poderia trazer como oferta de gratidão e amor. Uma estrofe do poema natalino de Christina Rossetti *No meio do sombrio inverno*[2] (1872) expressa lindamente o desejo que sinto ao entrar nesta pintura:

O que posso dar a ele,
pobre como sou,

---

2 Christina Georgina Rossetti, Rebecca W. Crump, Betty S. Flowers, *Christina Rossetti: The Complete Poems* (London: Penguin Books, 2001), p. 210.

> Se eu fosse pastor,
> traria um cordeiro.
> Se eu fosse um homem sábio,
> faria minha parte.
> No entanto, eu lhe dou o que posso
> — dou meu coração.

Compare e contraste esse grupo de pastores adoradores com os cegos da primeira pintura do início do livro. Ambos os grupos compartilham uma estrutura triangular semelhante, na medida em que seus corpos se inclinam e gradualmente caem para a frente. Mas há uma grande diferença entre as figuras — um desses grupos se inclina para a frente com intenção de receber vida e adorar. O outro grupo parece precipitar-se no caos em direção à morte. Na pintura de Poussin, os olhos dos pastores estão abertos, focados e cheios de luz enquanto a luz de Jesus se irradia em direção a eles. Os homens na pintura de Bruegel têm olhos cegos para a verdade espiritual, e a tristeza preenche a vida de cada um deles. Jesus disse que, se os olhos estiverem cheios de luz ou saudáveis, todo o corpo ficará cheio de luz. Claramente vemos como isso é verdade quando olhamos para essas duas pinturas. A visão transformada traz luz, vida e crescimento.

Em seu livro *Orações da vida*, Karl Rahner nos lembra do significado de Emanuel. Ele diz: "Viver na inescrutabilidade quase total de Deus... é ao mesmo tempo algo aterrorizante e bem-aventurado. Mas não temos escolha. Deus está conosco"[3]. Veja as diferentes reações de medo e positiva receptividade dos pastores aos visitantes angélicos da pintura. Sim, ficamos cheios de medo, espanto e tremor quando encontramos Deus. Mas em Jesus — Emanuel —, Deus chega perto de nós o suficiente para ser tocado e sentido sem medo. Jesus é Deus para nós em todos os momentos — em nosso passado, presente e futuro. O desejo de Deus é que sejamos livres o suficiente para nos permitir ser encontrados por aquele que deseja estar conosco e que vivamos com ele e nele para sempre.

Nosso olhar, nossa contemplação com atenção e franqueza, tem um propósito. Seu objetivo final é nos levar a responder a Deus e,

---

3   Karl Rahner, *Prayers for a Lifetime* (New York: Crossroad Classics, 1995), p. 12.

nessa resposta, sermos transformados em pessoas de fé. Na história apresentada nesta pintura, o ato de ver atrai os pastores ao culto e à adoração. Eles responderam ao convite para se aproximar. Agora eles podem retornar à vida cotidiana como testemunhas da graça de Deus. Suas vidas foram transformadas por sua visão. Eles voltam à experiência diária cheios de maravilhas e bênçãos por compartilhar a surpreendente entrada de Deus em suas vidas. O texto nos diz que eles voltaram para casa regozijando-se com as coisas prodigiosas que haviam ouvido e visto. Por sua vez, aqueles que ouviram sua mensagem também se maravilharam com Cristo.

A transformação acontece quando atendemos ao suave chamado de Deus. Voltando-nos para Deus com visão renovada e um coração que ousa estar aberto, descobrimos que fomos feitos de novo. Deus nos dá um coração de carne em vez de um coração de pedra. Tornamo-nos pessoas que ousam permitir que Deus nos molde cada vez mais à imagem de Cristo. Responder a Deus com confiança e permitir que sua vida flua através de nós torna-se um hábito transformador.

PARA REFLEXÃO E DISCUSSÃO

- Como você responde ao convite de Deus para vir e ver a salvação do Senhor (Ex 14,13)? Você não precisa esperar até o Natal para se juntar aos pastores e mais uma vez testemunhar o evento maravilhoso por meio do qual o Senhor foi dado a conhecer. Para obter um auxílio aqui, retorne à pintura de Poussin. Observe a grande pedra bem na frente do berço. O que ela indica para você? Talvez aponte para Deus, a rocha da nossa salvação. Ou possivelmente representa um obstáculo que o impede de se aproximar. Quais são as coisas que o impedem de se aproximar e ver? É desejo de Deus que cheguemos perto o suficiente para contemplar sua face. Ao fazer isso, sabemos quem somos e qual é nosso lugar. Com os pastores, incline-se e adore o Deus que assumiu nossa carne.

- Na encarnação, Deus redimiu não apenas a humanidade, mas toda a criação. Ele elevou a humanidade à vida divina, devolvendo-nos nossa dignidade. No estábulo comum, malcheiroso, o sagrado e o profano foram reunidos, tornando sagradas e exaltadas as coisas mais humildes. Você é capaz de ver o sagrado nas coisas mais insignificantes da vida? Você reconhece o menino Jesus nas circunstâncias normais de sua vida? Se não, o que o impede de ver?

- Que presentes e convites você recebe ao parar para ver o Cristo? Como sua visão começou a ser transformada meditando sobre esse texto e a pintura? Onde você coloca seu foco e qual é a sua resposta?

6

EMANUEL, DEUS CONOSCO

REMBRANDT
Cristo na tempestade no Mar da Galileia

A proximidade e a acessibilidade de Deus são claramente reveladas na pessoa de Jesus. Enquanto ele viveu e andou nesta terra, respondendo às pessoas e convidando-as a segui-lo, ele encarnou Emanuel. Jesus voluntariamente abriu mão de todos os privilégios de sua divindade para que pudesse se identificar totalmente com os seres humanos. Essa identificação foi tão completa que ele experimentou todas as vicissitudes comuns à humanidade — alegria, lágrimas, angústia, tentações, dor, tristeza e rejeição.

O grupo de homens que eram os seguidores mais próximos de Jesus viu em primeira mão esse Deus feito carne e seu trato com as pessoas. Eles talvez não tenham reconhecido que ele era o Cristo, que redimiria Israel, mas eles testemunharam suas interações com outros enquanto ele ministrava sua graça a eles — curando os enfermos, abrindo olhos cegos, expulsando demônios, ressuscitando mortos e se associando aos párias da sociedade. Eles devem ter ficado intrigados com seu inclusivo abraço a todos os seres humanos. Eram constantemente atraídos por ele e viam por si mesmos a maneira como respondia à sorte deles na vida.

Há momentos em que não temos nenhum problema em ver Deus e sua ação em nossa vida — momentos de bênção, ordem, paz ou alegria. Quando a vida se torna caótica, desordenada ou pesadamente problemática, quando estamos perdendo o juízo: é aí que clamamos a Deus perguntando onde ele está. Às vezes, podemos nos sentir abandonados por Deus quando estamos nesse estado. É nessas horas que é mais difícil discernir a presença e o poder de Deus em nossa vida. No entanto, as Escrituras nos asseguram que Deus nunca nos deixará nem nos desamparará, que Deus nos ama com um amor tão forte que nada pode nos separar desse amor.

O salmista ora a Deus no Salmo 118,66: "Ensina-me o saber e a disciplina, pois nos teus mandamentos eu confio". É fundamental na espiritualidade inaciana a prática do exame — uma oração de discernimento no final de cada dia, que nos ajuda a ver as maneiras pelas quais Deus esteve presente ou ausente em nossa vida diária. A oração atenta à presença de Deus, quando praticada regularmente, abre os olhos para novas maneiras de reconhecer as intervenções de Deus, suas tentativas de chamar nossa atenção ao longo do dia. É uma oração que aguça a consciência e clareia a visão para que aprendamos a discernir onde Deus está em nossa vida todos os dias.

Resumidamente, no exame, sentamo-nos em silêncio e quietos ao final do dia, pedindo a Deus que nos mostre onde ele esteve em nossa vida e agradecendo-o por esses momentos. Na mesma postura contemplativa, pergunte ele onde você não percebeu ou ignorou sua presença. Em seguida, peça perdão por esses momentos e solicite ajuda para fazer melhor no dia seguinte e ser mais consciente.

NO MAR COM O SENHOR — OUVINDO

O que aconteceria se os discípulos que foram jogados de um lado para o outro no mar tempestuoso da Galileia tivessem praticado esse exame no final de seu dia assustador? Teriam eles olhado para trás e reconhecido que Jesus, o Senhor dos ventos e das ondas, estava com eles desde o início, e teriam lamentado sua falta de fé? Como eles teriam reagido se tivessem reconhecido que Jesus, que estava com eles, era capaz de acalmar as águas turbulentas? Eles teriam se voltado para ele antes, em busca de ajuda?

A descrição da história por Rembrandt expressa o terror e o pânico dos discípulos durante a tempestade no Mar da Galileia. "E aconteceu que se levantou uma ventania forte e as ondas caíam com violência sobre a barca, de modo que ela estava ficando cheia de água. Enquanto isso, ele dormia na popa, apoiado num travesseiro." (Mc 4,37 s.).

Volte-se para a história no Evangelho de Marcos 4,35-41. Leia devagar e contemplativamente a passagem, colocando-se no barco com os discípulos aterrorizados, entrando totalmente na história. Observe quais percepções chamam sua atenção, permanecendo com quaisquer dádivas que Deus lhe dê, e seja grato.

> E naquele dia, de tarde, ele lhes disse: "Vamos para a outra margem".
>
> Os discípulos mandaram as multidões embora e tomaram consigo Jesus, assim como ele estava, na barca. Havia outras barcas com ele.
>
> E aconteceu que se levantou uma ventania forte e as ondas caíam com violência sobre a barca, de modo que ela estava ficando cheia de água.
>
> Enquanto isso, ele dormia na popa, apoiado num travesseiro. Então o despertaram e lhe disseram: "Mestre, não te importas que estejamos afundando?".
>
> Ele acordou, ameaçou o vento e disse ao mar: "Silêncio! Acalmate!". Parou o vento e fez-se muito bom tempo.
>
> Depois ele lhes disse: "Por que sois tão medrosos? Ainda não tendes fé?"
>
> Eles ficaram tomados de grande medo e diziam entre si: "Quem é este, a quem até o vento e o mar obedecem?".

O relato de Marcos situa este evento no momento após Jesus ter ensinado a multidão e seus discípulos sobre o reino de Deus. Eles haviam deixado a multidão para ir de barco até o outro lado do Mar da Galileia. No caminho até lá, sobreveio "uma ventania forte", e "as ondas caíam com violência sobre a barca, de modo que ela estava ficando cheia de água". Em meio a todo esse tumulto, Jesus, provavelmente exausto de seu dia cheio de ensinamentos e interação com as multidões, adormeceu sobre um travesseiro. Seus discípulos, apavorados, o acordaram e com voz cheia de perplexidade, possivelmente repreensão, perguntaram: "Mestre, não te importas que estejamos afundando?" Essas palavras fazem lembrar a reclamação de Marta quando ela expressou sua frustração por Maria estar sentada com Jesus em vez de ajudar na cozinha.

Despertado, Jesus imediatamente acalmou o vento e o mar com suas palavras: "Silêncio! Acalma-te!". Quando a calma voltou e a paz foi restaurada, ele penetrou em seus corações questionadores. Perguntou-lhes: "Por que sois tão medrosos? Ainda não tendes fé?". Isso trouxe de volta o medo, mas era um medo diferente. Era um medo terrível daquele a quem o vento e o mar obedecem.

RESERVE UM TEMPO PARA CONTEMPLAR — OLHANDO

Volte agora sua atenção para a pintura dessa cena de Rembrandt, *Cristo na tempestade no Mar da Galileia*[1]. Reserve algum tempo para observar cuidadosamente os detalhes do evento, conforme descrito aqui. Com imaginação animada pela leitura do texto, observe o que chama a atenção de maneira mais imediata e poderosa. Como a cena formada em sua mente se altera conforme você olha para a pintura?

Inicialmente, você pode ter ficado impressionado com o uso dramático da luz e sombra, dividindo a tela em duas partes distintas. Para enfatizar esse contraste, o mastro alto, semelhante a uma cruz, arremessa para cima formando uma diagonal poderosa. À esquerda está o lado mais brilhante e tempestuoso. À direita está muito escuro, mas parece haver certa tranquilidade onde Jesus está. Essas contradições de claro e escuro nos fazem parar e considerar as implicações para nós.

Vejamos primeiramente a metade esquerda da pintura. O barco balança na crista de uma onda enorme, agitando-se sob a força da tempestade. Rembrandt captura teatralmente na tela as ondas açoitadas pelo vento, formando uma espuma branca, e seu borrifo na luz amarela. Ele ancora a história em seu próprio tempo e lugar com um barco que se parece muito com os navios de pesca de sua época. O barco é

---

[1] Rembrandt van Rijn, *Cristo na tempestade no Mar da Galileia* (1633). Cf. <https://www.freeart.com/gallery/r/rembrandt/rembrandt99.jpg>. Acesso em: 26 abr. 2022.

Rembrandt van Rijn
(1633-1669)

Rembrandt nasceu em Leiden, Holanda. Um artista de grande sucesso com muitas obras encomendadas, Rembrandt é considerado o maior artista da escola holandesa. Seu uso magistral de luz e sombra, especialmente em obras-primas religiosas, captura não apenas o drama dos eventos bíblicos, mas também o humor psicológico e espiritual. Um terço do total de suas obras são representações de assuntos religiosos ou bíblicos. Vivendo numa nação navegante, Rembrandt conhecia bem o poder do mar e as tempestades dramáticas nas costas do norte da Europa. Sua interpretação de Jesus adormecido no barco durante a tempestade reflete sua experiência pessoal disso. Sobrecarregado com pressões familiares e financeiras, com infortúnios e tristezas pessoais mais tarde na vida, Rembrandt retrata vividamente em sua pintura o drama emocional dos discípulos. Não podemos ver claramente nesta reprodução todos os detalhes, mas parece que Rembrandt inscreveu seu próprio nome no leme do barco. Ele poderia estar refletindo seu próprio lugar neste barco e sua própria resposta à pergunta de Jesus dirigida aos discípulos?

Cristo na tempestade no Mar da Galileia, 1633, é supostamente a única paisagem marinha de Rembrandt. É bastante grande — 1,6 m por 1,3 m — e pertence ao Museu Isabella Stewart Gardner, em Boston. Infelizmente, esta pintura foi roubada em 1990 e ainda não foi recuperada.

sacudido com tanta intensidade que parte do cordame parece ter arrebentado e está esvoaçando no alto.

Os homens na proa lutam para impedir que o barco vire. Os discípulos são atirados pelo vento de um lado para o outro; aquele que trabalha no mastro central tenta com toda força prender de novo a vela principal violentamente rasgada e esfarrapada que parece prestes a ser arrancada. Um remo e um gancho também se agitam, prestes a se perder nas ondas. Quase podemos ouvir o bater selvagem das velas e das capas, o ranger dos mastros e do casco, e o uivo dos ventos tempestuosos. Nesta descrição de Rembrandt, é fácil entrarmos no horror e terror palpáveis experimentados pelos discípulos.

Tempestades fortes como esta eram comuns no Mar da Galileia. Eram conhecidas por surgirem do nada sob as condições mais calmas, lançando qualquer embarcação infeliz para suas profundezas. Rembrandt se mantém fiel ao texto, mostrando as ondas que sobem na frente do barco e começam a enchê-lo. A luz no lado esquerdo da pintura, iluminando as nuvens estrondosas acima, é de um amarelo assustador. Ela realça a situação dos homens a bordo enquanto lutam com os elementos incontroláveis. Nossa expectativa seria encontrar Jesus neste lado mais brilhante da pintura. Mas olhe onde ele está dormindo. Rembrandt coloca Jesus no lado sombreado da pintura. Embora esteja no escuro, ele ainda é acessível e pode ser tocado — ele é Emanuel, Deus conosco em carne. Um dos discípulos tenta despertá-lo sacudindo seu ombro. Outros olham atentamente para Jesus enquanto aguardam sua reação à situação. Outro está sentado com a cana do leme na mão e tenta estabilizar o barco. Um em primeiro plano inclina-se para a lateral do barco. Talvez ele esteja verificando o estado do barco danificado, ou talvez esteja enjoado, vomitando na água.

    Apesar da escuridão, os rostos dos homens deste lado são iluminados pela mesma sinistra luz amarela. Deste lado da onda gigantesca, está relativamente calmo. Em comparação com a turbulência na frente do barco, aqui está tranquilo. O pânico, externamente expresso nos homens, na metade clara, parece ser mais internalizado na metade mais escura da pintura. Não percebemos o terror em suas posturas. Parece haver mais uma intencionalidade focada na ação de despertar Jesus. Observe no texto que eles não pedem a Jesus para acalmar a tempestade, mas parecem zangados com sua atitude aparentemente indiferente perante eles. Suas posturas poderiam transmitir uma sensação de reprovação em relação a Jesus?

    Jesus está perfeitamente em paz na popa do barco e dorme profundamente durante esta terrível tempestade. Sua confiança total em seu Pai celestial contrasta totalmente com a peleja frenética de seus discípulos. Sua pergunta a eles sobre a falta de fé é um convite para que abandonem o controle, confiem nele por completo e não tenham medo. Sua pergunta para eles é também uma pergunta para nós em qualquer aflição que possamos estar sofrendo. "Por que tens medo? Por que não tens fé? Quanto tempo vais esperar antes de me pedir ajuda?" Longe de ser frio ou indiferente, Jesus está realmente no barco com seus discípulos. Ele também está em nosso barco. Se você contar o número de homens no barco e olhar com atenção, poderá ver o que parece ser a figura de um décimo terceiro discípulo (aos pés de Jesus e imediatamente à esquerda da figura em vermelho, que parece estar enjoada). Quem poderia ser essa pessoa e por que o artista a teria incluído? É possível que o artista tenha se inserido na pintura para personalizá-la? Ele era conhecido por fazer isso em algumas de suas obras, uma prática comum para muitos artistas da época. Ou também pode ser isso uma forma de nos incluir na cena, convidando-nos a assumir a personalidade do participante não reconhecido? Quaisquer que sejam suas razões, isso nos dá uma pausa para considerar a resposta a essa história.

Sempre tive fascínio pelo oceano, mas também medo. Esta pintura traz de volta uma memória traumática da infância, e reajo a ela com terror. Tendo crescido numa pequena ilha do Caribe, conheci o poder violento e incontrolável do mar. Lembro-me de uma ocasião na praia, em que observei impotente como vários membros de minha família foram arrastados pelo mar por uma corrente de retorno (eles foram resgatados em segurança). Mais tarde, na vida, tive momentos assustadores não apenas ao nadar no oceano, mas também navegando em barcos em águas agitadas. Portanto, tenho facilidade em me identificar com os discípulos assustados no barco que range no mar turbulento. Como eles, ainda tenho dificuldade em ouvir um convite gentil de Jesus, em vez de uma repreensão, para confiar nele em meio à tempestade, quando sei que ele poderia acalmar as coisas novamente com apenas uma palavra. Eu também questiono sua lenta resposta à ajuda. O mar tempestuoso ainda me aterroriza, mas quando o vejo deitado nas sombras de meu próprio barco, o convite para mim é para que me entregue e me renda ao seu amor e segurança. Ele me convida a confiar que ele também está lá no turbilhão, mesmo quando não o sinto. Ele espera que eu vire meus olhos e o coração em sua direção.

RESPONDENDO

Faça uma breve pausa e reflita sobre onde Jesus está no barco que é sua vida atual. Você pode ter dificuldade em enxergar no escuro ou descobrir que sua situação está exposta à luz ofuscante do dia. Jesus está dormindo despreocupado? Ele está presente na escuridão? O que a luz lhe revela sobre suas próprias lutas para se manter à tona?

Com o mastro cruciforme erguendo-se bem alto e projetando sua sombra sobre o lado escuro da pintura, somos lembrados do Salmo 106,23-30, onde o salmista descreve os perigos do mar e o terror dos marinheiros que cambaleiam como bêbados e "toda a sua perícia se esvaiu", enquanto o barco balança nas ondas tempestuosas. Ao mesmo tempo, podemos também dizer que as Escrituras nos lembram que, para Deus, as trevas e a luz são a mesma coisa. Ele está presente em ambos; basta que o reconheçamos e nos voltemos para ele com fé e confiança. Nossa segurança e libertação só são encontradas sob a sombra de sua cruz. Precisamos de olhos para ver Deus até mesmo em nossas experiências de vida mais sombrias e tempestuosas.

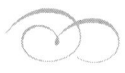

PARA REFLEXÃO E DISCUSSÃO

- Volte a se concentrar na pintura. Coloque-se no barco com os discípulos. Onde você estaria no barco? Que sons você ouve? Qual é a sensação de estar numa tempestade assim?

- Tempestades são inevitáveis na vida de cada um de nós. Quais são as tempestades em sua vida neste momento? Deus parece indiferente, ausente ou adormecido durante suas lutas? Você já se sentiu tentado a perder a fé nesses momentos?

- Do que você tem medo hoje? Como você pode discernir a presença de Deus em meio a tudo isso? Ponha-se no lugar daquele homem no barco que sacode Jesus para despertá-lo. Quais são as palavras de Jesus para você pessoalmente? Como você responde?

- Faça uma breve pausa para rever o seu dia. Onde você percebe a presença ou ausência de Deus nele? Agradeça-lhe pelas vezes em que você o reconheceu. Peça perdão pelas vezes em que não percebeu Deus ou o ignorou. Peça o dom do discernimento para ver Deus em seu dia de amanhã. Viva cada dia com a certeza de que Jesus está constantemente com você em todos os aspectos de sua vida — na alegria e na dor — e permita que ele assuma o leme do controle de sua vida.

* Permita-se refletir em espírito de oração sobre as palavras de um hino de Charles Wesley.

> Senhor da terra, do ar e do mar,
> Supremo em poder e graça,
> Sob tua proteção, nós
> Colocamos nossa alma e corpo.
>
> Ousados em busca de uma terra desconhecida,
> Lançamo-nos na profundeza espumante;
> Desafiando rochas, tempestades e mortes,
> Com Jesus no barco.
>
> Quem pode entender a calma
> No seio de um crente?
> Na palma de sua mão
> Nossas almas descansam com segurança:
> Os ventos podem aumentar, e os mares podem rugir,
> Aplacamos nosso espírito em seu amor;
> Com alegria silenciosa o adoramos,
> A quem os ventos e os mares obedecem.

À medida que você se torna consciente do estado de sua alma em meio à adversidade, permita que essas palavras penetrem fundo em seu coração. Descanse na certeza de que a paz e a calma que Jesus promete àqueles que o buscam serão suas também. Adore aquele que controla o vento e as ondas e descanse em seu amor.

*

7

VER E CRER

CARAVAGGIO
A incredulidade de São Tomé

Os seguidores de Jesus experimentaram consternação e medo inimagináveis após sua morte na cruz. Ele parecia ter sumido da tumba e desaparecido completamente de sua vista. No entanto, Jesus jamais os deixaria aflitos e sem esperança! Após sua ressurreição, ele fez várias aparições aos discípulos para reassegurá-los de sua presença e amor contínuos. Numa dessas aparições, ele foi até eles numa sala onde estavam escondidos atrás de portas trancadas. Não é de admirar que eles tivessem medo e se escondessem. Se esse tipo de morte acontecera a Jesus, ela era uma possibilidade para eles também por terem se associado a ele. Foi nesse esconderijo que Jesus apareceu para eles como um fantasma.

Certamente foi um choque quando Jesus apareceu de repente como um espectro em seu esconderijo no cenáculo. Sua aparência não era nada parecida com o Messias que eles estavam esperando. Ele não veio a eles como um herói conquistador e triunfante. Veio ainda trazendo as feridas de sua crucificação. Contudo, este não era um fantasma de outro mundo, mas um corpo sólido e tangível. Só quando lhes saudou dizendo "a paz esteja convosco" e mostrou-lhes as mãos e o flanco é que reconheceram quem ele era, levando-os a regozijar-se com a sua presença viva e contínua.

ENTRANDO NO CENÁCULO
— OUVINDO

O relato nos diz que Tomé não estava presente com os outros naquele momento e, mais tarde, quando ouviu deles que tinham visto Jesus, ele se recusou a acreditar. Ele retrucou: "Se não vir nas suas mãos as feridas dos pregos, se não puser nelas meu dedo e não colocar minha mão no seu lado, não acreditarei!". (Jo 20,25). Jesus, sempre persistente em atrair as pessoas para si, voltou àquela mesma sala trancada oito dias depois, quando Tomé estava presente, tomando a iniciativa de responder à sua dúvida. Ele se colocou entre os discípulos e se dirigiu diretamente a Tomé: "Mete aqui teu dedo e olha minhas mãos; levanta tua mão, mete-a no meu lado e crê, e não sejas mais incrédulo!" (Jo 20,27).

Acomode-se num lugar confortável, tranquilo e passe algum tempo lendo em espírito de oração toda essa história encontrada no trecho de João 20,19-29. Preste muita atenção aos detalhes do local onde tudo acontece. Esteja presente com os discípulos enquanto eles se escondem na sala. Coloque-se na história e observe como é a experiência de estar se escondendo, temeroso por sua vida. Ouça as conversas que ocorrem e observe suas próprias respostas. O que você sente quando Jesus aparece de repente e atravessa como um fantasma a porta trancada? E qual é a sua resposta quando Jesus fala com você e mostra seus ferimentos?

> Na tarde do mesmo dia, que era o primeiro depois do sábado, os discípulos estava reunidos com portas fechadas, por medo dos judeus. Então Jesus entrou, ficou no meio deles, e disse: "A paz esteja convosco!".
>
> Dizendo isto, mostrou-lhes as mãos e o lado. Quando os discípulos viram o Senhor, ficaram cheios de alegria.
>
> Então Jesus lhes disse de novo: "A paz esteja convosco! Como o Pai me enviou, assim também eu vos envio".
>
> Depois destas palavras, soprou sobre eles e lhes disse: "Recebei o Espírito Santo.
>
> Aqueles a quem perdoardes os pecados, serão perdoados; aqueles a quem retiverdes, serão retidos".

Tomé, um dos Doze, chamado Dídimo, não estava com eles quando Jesus veio.

Os outros discípulos lhe disseram: "Vimos o Senhor!". Mas ele respondeu: "Se não vir nas suas mãos as feridas dos pregos, se não puser nelas meu dedo e não colocar minha mão no seu lado, não acreditarei!".

Oito dias depois, os discípulos se achavam de novo na casa, e Tomé com eles. Jesus entrou, estando as portas fechadas, pôs-se no meio deles e os cumprimentou: "A paz esteja convosco!".

Depois, disse a Tomé: "Mete aqui teu dedo e olha minhas mãos; levanta tua mão, mete-a no meu lado e crê, e não sejas mais incrédulo!".

Tomé respondeu: "Meu Senhor e meu Deus!".

Jesus lhe disse: "Porque me viste, Tomé, acreditaste. Bem-aventurados os que acreditam sem ter visto!".

ESTAR PRESENTE — OLHANDO

Agora volte sua atenção para a meditação de Caravaggio sobre esse momento significativo. A pintura se chama *A incredulidade de São Tomé*[1]. Reserve alguns minutos para observar esta impressionante obra de arte.

Qual é a sua primeira reação a ela? Qual é a primeira coisa que atrai seus olhos? A tela exibe um tratamento notável do claro e escuro. Quatro personagens ocupam o espaço numa sala muito escura, seus corpos formando um arco arquitetônico que os mantém unidos num nó compacto. As figuras são comuns, mas monumentais, e preenchem o espaço da tela. Eles se juntam num amontoado coeso em torno de Jesus, com a atenção voltada para o que veem — o dedo de Tomé sendo empurrado para dentro da ferida no lado de Jesus.

---

1 Caravaggio, *A incredulidade de São Tomé* (1601-1602). Cf. <https://www.freeart.com/gallery/c/caravaggio/caravaggio34.jpg>. Acesso em: 26 abr. 2022.

Caravaggio
(1571-1610)

Conhecido hoje por sua cidade natal, Caravaggio foi batizado como Michelangelo Merisi em 28 de setembro de 1573, em Caravaggio, Itália. Considerado um dos maiores pintores do século XVII da Itália, o jovem artista se inspirou nas obras de Rafael e Michelangelo. Depois de trabalhar para patronos particulares durante vários anos, mudou-se para Roma, onde foi contratado para produzir pinturas para a Capela Contarelli da igreja de San Luigi dei Francesi. *A incredulidade de São Tomé* (1601-1602) encontra-se no Sanssouci, em Potsdam, Alemanha.

A arte de Caravaggio foi revolucionária. Desprezando a interpretação tradicional e idealizada de assuntos religiosos, ele apresentou o mundo real — coisas comuns e pessoas comuns pintadas com paixão e empatia. Usando modelos da vida real, ele os colocou em cenários dramáticos e evocativos graças ao uso da técnica chamada claro-escuro — o uso dramático de luz e escuridão. Usando iluminação seletiva da forma a partir de sombras profundas, ele pôs o observador face a face com o sobrenatural no meio do natural.

Pintando a vida diretamente em sua tela sem um desenho inicial, o estilo apaixonado e espontâneo de Caravaggio refletia sua própria vida. Figura controversa e de temperamento quente, Caravaggio viveu de maneira imprudente. Visto com frequência em público com uma espada desembainhada, ele se envolveu em brigas, foi preso em várias ocasiões e, por fim, teve de deixar Roma como fugitivo. Morreu sozinho e abandonado aos trinta e nove anos de idade. No entanto, suas obras permanecem como lembretes poderosos e duradouros das dádivas e graças de Deus.

Vejamos o ponto focal da pintura. O uso magistral de luz e sombra por Caravaggio provoca uma atenção fascinante para essa história. Uma luz milagrosa inunda a cena a partir de algum lugar à esquerda. Esta luz, vinda de uma fonte desconhecida, é para nós um sinal dado pelo artista de que se trata de um evento sobrenatural. Ela ilumina a pessoa que segura esse momento de tensão e em torno da qual todos os participantes se agrupam — o Jesus ressuscitado. O corpo de Jesus é vistosamente exposto, revelando sua vulnerabilidade e humanidade. Sua carne ainda tem a palidez amarelada da sepultura e contrasta marcadamente com o vigor e a pele bronzeada dos antigos pescadores. Este é um corpo muito real, muito humano — não um fantasma ou uma aparição. A ressurreição é uma realidade. A promessa de Jesus de estar presente conosco em todos os momentos torna-se, de repente, uma verdade vivida por esses discípulos.

Nota-se alguma tristeza na expressão facial de Jesus. Poderia ser uma resposta à dúvida de Tomé? Ou poderia ser uma resposta à dor física que essa ação de Tomé pode ter causado a Jesus? Em sua tentativa de retratar a realidade da ressurreição com toda a sua fisicalidade implícita, Caravaggio apresenta o corpo de Jesus conforme ele emerge das sombras, enfatizando que ele é humano, mas não ainda completamente cognoscível. Há aqui mais elementos do que podemos compreender. Há admiração e mistério aos quais devemos responder.

Observe que é Jesus quem dá início a esse encontro. Ele não repreende ou condena Tomé por duvidar, mas com a mão esquerda gentilmente pega a mão de Tomé e a guia em direção ao ferimento em seu lado. Sua mão direita afasta a roupa para trás, expondo ainda mais seu corpo, em toda a sua vulnerabilidade, à luz da revelação, que dissipará as trevas da dúvida. Seu gesto indica, a um só tempo, suavidade e firmeza. Observe que o ferimento causado pelo prego é visível na mão de Jesus. Ele vai ainda mais longe e parece empurrá-la para dentro do próprio corte. Veja como o dedo de Tomé avança profundamente na ferida. Quando a observamos pela primeira vez, nossa reação a essa representação poderosamente realista pode ter sido "ai!". Caravaggio retrata a ferida como ainda aberta, recente. Certamente isso causaria dor a Jesus quando o dedo de Tomé a tocasse.

Note onde os olhos de todos os personagens dessa cena estão focados. Enquanto Jesus e os outros dois discípulos olham para a mão de Tomé, este parece ter sua atenção focada em outro lugar, um pouco além do evento principal. Seus olhos estão um pouco desviados do ferimento, até mesmo de sua própria mão. Ele evita olhar diretamente para o ferimento, que ele pronunciou em voz alta que tocaria para poder crer. Há incredulidade e certo grau de receio em seu olhar — possivelmente medo da perspectiva de tocar o sagrado. Ele mantém o braço esquerdo ao lado do corpo, parecendo que tenta se afastar de Jesus, outra indicação de sua hesitação. Somos atraídos ainda mais para essa história por seu ombro realçado e pela mancha branca em seu cotovelo — um cotovelo que se projeta em nosso campo de visão. Isso nos obriga a olhar para nossas próprias dúvidas e respostas à presença viva de Jesus no meio de nossa vida comum. Quando questionamos se correríamos ou não para ver o menino Jesus na manjedoura, somos compelidos a considerar se prontamente estenderíamos a mão e tocaríamos Jesus caso ele aparecesse fisicamente em nosso meio.

LEVAR NOSSAS DÚVIDAS A JESUS — RESPONDENDO

Tomé também era chamado de Dídimo, que significa gêmeo. Parece haver duas pessoas em Tomé — o que duvida e o que crê. Uma parte dele duvidava que Jesus tivesse realmente ressuscitado, enquanto a outra acreditava o suficiente para procurar a comunidade da qual ele fazia parte. Ele sabia onde encontrar os outros. Eles teriam sido unidos por seus relatos e recordações comuns, anteriormente compartilhados, sua história coletiva, sua língua. Lembre-se do número de vezes em que Jesus se encontrava entre eles e Tomé o questionou acerca de suas palavras — sua promessa de preparar uma morada para aqueles que cressem, seu retorno ao Pai e a expressão de Tomé de ir com Jesus para morrer com ele. Sua fé é questionadora e ponderada, que não toma as coisas pelo valor de face. Ele não nega categoricamente que Jesus estivesse presente na sala, mas exige prova concreta. Ele tinha visto seu Senhor brutalmente torturado e crucificado, e agora não consegue entender como pode ser verdade que ele ainda vive. Os horrores da morte de seu amigo ainda são imediatos e reais. Se Jesus estava realmente vivo, Tomé sabia que ele era o tipo de pessoa que ainda teria os ferimentos que forneceriam a prova de que precisava.

A própria vulnerabilidade de Tomé foi acalmada e confortada ao tocar em Jesus. Ele recebeu a garantia de que Jesus o sustenta e se preocupa com ele. Essa garantia também pode ser verdadeira para nós. Mesmo que possamos escondê-las ou negá-las, nossas feridas são sinais de nossa humanidade. Mas a cura para nós vem das próprias feridas de Jesus, se também ousarmos tocá-lo e nos permitirmos ser tocados por ele. Jesus ainda está ligado à humanidade ferida que ele veio redimir. Por esse motivo, podemos ter certeza de que nós e toda a criação estamos em suas mãos feridas.

Tomé voltou para sua comunidade porque era lá que ele sabia que encontraria força e encorajamento para sua fé. Essa é a comunidade que o próprio Jesus criou ao seu redor e que alimentou com a sua presença quando caminhou sobre a terra. É também onde Cristo agora aparece e nos traz uma fé renovada. Somos todos como Tomé com esses dois lados opostos de nosso caráter. É dentro da comunidade de fé que encontramos apoio e encorajamento para impedir que nossa crença seja esmagada pela parte incrédula em cada um de nós.

Os rostos dos outros dois discípulos são mostrados com o mesmo grau de espanto e dúvida. Aglomeradas na tela, todas as cabeças estão unidas em sua busca pela verdade. As sobrancelhas se erguem num gesto de surpresa e as testas envelhecidas se franzem quando eles se inclinam para ver mais de perto esse notável ato de Jesus. A dúvida de Tomé é comumente considerada algo negativo — ele é frequentemente chamado de "Tomé, o Incrédulo"; mas Jesus convida o incrédulo em todos nós a vir, vê-lo e tocá-lo. O restante das pessoas na sala pode ter tido as mesmas dúvidas antes de ter visto Jesus. Elas teriam as mesmas perguntas se não estivessem presentes. Lembre-se de outras ocasiões em que Jesus apareceu milagrosamente aos discípulos. No relato de Lucas sobre outra aparição de Jesus (Lc 24,36-53), os outros eram tão descrentes quanto Tomé. Assim como aconteceu com Tomé, Jesus teve de se dirigir a seus corações atribulados e abordar suas dúvidas. Ele os convidou a ver e tocar seu corpo; além disso, ainda pediu comida como prova de que aquele não era um espírito, mas um verdadeiro corpo humano. Mesmo depois de todas essas provas, eles ainda não conseguiam acreditar.

Tomé crê, mas precisava ver as feridas por si mesmo. Quando ele voltou para a sala e ouviu sobre a visita de Jesus, ele precisou de uma prova visível. Ele expressou abertamente seus sentimentos internos de dúvida e foi francamente honesto sobre sua descrença. Não houve fingimento em Tomé, nenhuma tentativa de espiritualizar sua resposta num esforço para ser aceito como parte do grupo. Ele estava sozinho em seu estado de descrença porque não tinha visto o que os outros tinham visto. Jesus o recebeu exatamente onde ele estava, em sua realidade presente.

Jesus também vem ao nosso encontro nas questões e dúvidas da nossa própria vida e nos convida a confiar totalmente nele. A maioria de nós já teve dúvidas em algum momento da vida. Talvez você saiba o que é duvidar da existência de Deus, ou pelo menos do amor e da presença de Deus. Talvez conheça o sentimento que Tomé teve, o sentimento de que não acreditaria a menos que pudesse ver com os próprios olhos. Esses momentos de dúvida ou escassez de fé costumam ser difíceis de comunicar, porque tememos ser julgados por outros ou repreendidos por nossa incredulidade. Mas a dúvida que é expressa honesta e abertamente diante de Deus e dos outros leva a uma fé maior. Talvez precisemos reconhecer que somos mais parecidos com Tomé do que gostaríamos de admitir, e levar nossas perguntas a Deus para que nossa fé seja renovada e fortalecida.

Num período recente de aridez de fé, não pude sentir a presença de Jesus; então minha diretora espiritual sugeriu que talvez eu devesse encarar isso como um convite para aprofundar meu relacionamento com ele. Sentindo meu desejo de ter um relacionamento com Jesus que, como Tomé, fosse mais tangível, ela indagou se Jesus poderia estar me pedindo que andasse com ele na escuridão em vez de tentar evitá-lo — pedindo-me que continuasse com ele ainda que ele estivesse me guiando para participar de seu próprio sofrimento. Ela me lembrou que é precisamente nos tempos sombrios que Jesus está mais presente, que ele é mais real, mesmo que eu não pudesse vê-lo ou senti-lo, porque ele é nosso Salvador sofredor — Deus conosco em todas as circunstâncias da vida. Seguir Jesus no caminho do desconhecido e das trevas não é fácil, mas nos leva silenciosamente a uma união com ele que é mais rica e profunda do que se caminhássemos apenas sob o sol de sua presença. Em minhas tentativas de agarrar-me a Jesus, frequentemente descubro que, em vez de agarrá-lo, sou eu que me encontro amparada, agarrada por ele e carregada por suas mãos feridas.

Para Tomé, essa experiência de um contato físico real com Jesus trouxe-lhe uma renovação da fé e da confiança. Ele foi levado a uma fé mais profunda e a um relacionamento mais próximo com seu Senhor. Ele ficou impressionado com essa revelação do Jesus ressuscitado e se dirigiu a ele como "Meu Senhor e meu Deus!" Sua resposta foi de espanto por ter tocado a própria pessoa de Deus. Não está registrado se os outros discípulos responderam ou não com essa mesma afirmação, mas Tomé reconheceu a verdadeira natureza de Jesus. Os olhos de Tomé foram abertos para ver Jesus como o Eterno que segura o universo nas mãos. Essas mãos continuam a espalhar profundo amor e compaixão porque ainda trazem suas feridas. Essas mesmas feridas nos asseguram que Jesus está ciente da dor que sentimos porque ele já trilhou esse caminho por nós. Em sua dolorosa jornada até a cruz, Jesus suportou nossa dor e carregou nossas tristezas. Podemos confiar que ele está conosco, mesmo quando não sentimos sua presença. À medida que refletimos mais sobre como somos parecidos com Tomé, considere o seguinte poema de John Shaw, *Feridos*[2]. É uma expressão evocativa de nossa própria necessidade de ter uma prova tangível de que Jesus está conosco.

Você podia sentir suas bordas,
Podia correr os dedos sobre seus lábios vermelhos
E sondar o oco como uma boca.
De certa forma, tinha sido uma coisa bela;
o aço, de intenso brilho,
deslizando suave entre as camadas,
cortando as folhas de células,
a carne pisada dobrando para trás
trazendo o branco e o rubro ofuscantes
para aquela terra de escuridão pulsante.

Tomé, você é como eu;
nossa fé começa em tatear
as feridas abertas.
É como se nossas esperanças não pudessem surgir por si,
a não ser com a permissão daquelas mãos,
daquele lado; como se só após
a fuga de nossas dúvidas — sombras perante luz e sangue —
as palavras "Meu Senhor, meu Deus!"
pudessem irromper de nossa boca
tão aberta como feridas.

Jesus disse a Tomé: "Bem-aventurados os que acreditam sem ter visto!" (Jo 20,29). Que a fé vai além de qualquer coisa que ele possa ver ou saber. Ele estende a mesma bênção para aqueles de nós que não

---

[2] John Shaw, *Feridos*, in: *A Widening Light: Poems of the Incarnation* (Wheaton: Harold Shaw, 1984), p. 123.

têm a vantagem de estar presentes em suas aparições pós-ressurreição. Não podemos ver, tocar ou ouvir Jesus ressuscitado como esses seguidores fazem, mas podemos conhecer sua presença viva e experimentá-la pessoal e intimamente. Ouse ser aberto e honesto com suas perguntas e dúvidas. Venha a Jesus com os olhos da fé e veja como ele o acolhe bem. Permita que ele o puxe para perto de si mesmo com amor e fé.

PARA REFLEXÃO E DISCUSSÃO

- Retorne à história do Evangelho de João. Em seguida, olhe novamente para a pintura. Como a meditação de Caravaggio sobre o texto ampliou ou modificou sua compreensão desse evento?

- Imagine-se dentro da pintura e observe sua resposta. Que emoções você sente? Com qual dos discípulos da pintura você se identifica?

- Todos nós temos dúvidas em nossa vida, quando questionamos se Deus está realmente presente para nós, especialmente nos momentos difíceis. Que provas você exige da presença de Jesus em sua vida? Que garantias Jesus lhe oferece?

- Pense em momentos em que você teve dúvidas ou questionou a presença de Deus. Lembre-se de sua própria resistência em acreditar. Traga tudo isso para Jesus enquanto medita sobre essa pintura. Como Jesus responde a você? Para que parte dele mesmo ele puxa sua mão, coração ou mente para que você possa tocar?

- Tomé afastou-se de Jesus, espantado com o convite para vê-lo e tocá-lo. Qual é a sua resposta à oferta de Jesus para você?

8

RECONHECER CRISTO

Caravaggio
A ceia em Emaús

Até agora, vimos como frequentemente deixamos de reconhecer Deus em nosso meio. Na rotina diária, deixamos de acolhê-lo porque ele não nos aparece da maneira que esperamos. João Batista disse a seus seguidores que o Cordeiro de Deus estava entre eles, mas eles não o reconheceram: "Mas entre vós está quem não conheceis" (Jo 1,26). Jesus estava no meio deles, mas João foi o único que o reconheceu por quem ele realmente era. Enquanto mantivermos certas expectativas ou ideias fixas de como e onde Deus deve estar para nós, ele sempre permanecerá oculto e parecerá silenciosamente ausente.

No capítulo seis, vimos como a abertura dos pastores para uma transformação de sua visão os levou a reconhecer seu Messias. Se tivéssemos vivido naquela época da história, teríamos reconhecido Jesus como o salvador do mundo? Teríamos deixado nossas importantes responsabilidades para seguir o convite com a mesma firmeza que eles? A maioria de nós provavelmente diria que teria seguido imediatamente e com entusiasmo, e, ao ver e adorar a Jesus, teria jurado viver para ele. Mas seria assim mesmo?

No capítulo sete vimos como Deus deseja ser conhecido e nos tocar, contanto que estejamos atentos, nos voltemos e nos aproximemos. Vimos como Deus, pela encarnação de Jesus, toma a iniciativa de nos alcançar e nos atrair para um relacionamento mais próximo com ele.

O povo da época de João precisava de uma mudança de visão para ver seu Messias de maneiras diferentes do que imaginava. Eles esperavam um Messias que viria com poder e força para livrá-los de seus opressores. No entanto, aqui João estava lhes dizendo que este homem humilde em roupas comuns, não régias, era seu rei e libertador. Suas ideias sobre ele precisavam ser substituídas por uma nova maneira de ver. Seus olhos exigiram uma transformação radical para reconhecê-lo. Como foi nos dias de Jesus, assim é para nós hoje — também precisamos estar atentos o suficiente para reconhecer e responder a Deus, que está entre nós.

COMPARTILHAR UMA REFEIÇÃO COM JESUS — OUVINDO

Um dos relatos mais dramáticos de transformação de visão nas Escrituras é encontrado na conhecida história de Jesus aparecendo a dois de seus seguidores na estrada para Emaús após sua ressurreição. Todo o incidente está registrado em Lucas 24,13-35. Passe algum tempo lendo essa narrativa bíblica de maneira contemplativa. Imagine-se na cena — ouvindo a conversa, observando as ações de Jesus e as reações dos discípulos. Aplique todos os sentidos e permita que todo o seu ser esteja presente.

> No mesmo dia, dois deles viajavam para um povoado chamado Emaús a sessenta estádios de Jerusalém:
>
> falavam sobre o que tinha acontecido.
>
> Enquanto conversavam e discutiam, Jesus em pessoa aproximou-se deles, começando a acompanhá-los;
>
> mas os olhos deles estavam como que vendados, de sorte que não conseguiam reconhecê-lo.
>
> Então lhes perguntou: "Que assunto estais discutindo enquanto caminhais?". Eles pararam tristes.
>
> Um deles, chamado Cleófas, respondeu: "Por acaso és o único visitante em Jerusalém a ignorar o que se passou nesses dias?".
>
> Ele perguntou: "Que foi?".

E eles continuaram: "O que aconteceu com Jesus de Nazaré, que era um profeta poderoso em obras e palavras, diante de Deus e de todo povo.

Como os sacerdotes-chefes e os nossos dirigentes o entregaram para ser condenado à morte e o crucificaram.

Esperávamos que fosse ele quem libertaria Israel; mas, além disto, este é o terceiro dia desde que isso tudo aconteceu!

É verdade que algumas mulheres, das que estavam conosco, nos espantaram.

Elas foram de madrugada ao sepulcro e não acharam o corpo. Voltaram dizendo que tinham aparecido anos, assegurando que está vivo!

Muitos de nossos amigos foram ao sepulcro e acharam as coisas como as mulheres disseram; mas não o viram".

Ele então lhes disse: "Ó homens sem inteligência, como é lento o vosso coração para crer no que os profetas anunciaram!

Não era preciso que Cristo sofresse essas coisas para entrar na glória?".

E partindo de Moisés, começou a percorrer todos os profetas, explicando em todas as Escrituras, o que dizia respeito a ele mesmo.

Quando se aproximaram do povoado aonde se dirigiam, Jesus fez como quem ia para mais longe.

Mas eles o forçaram a parar, dizendo: "Fica conosco, porque se faz tarde e o dia vai declinando". Então, entrou no povoado para ficar com eles.

À mesa, ele tomou o pão e, recitando a fórmula da bênção, o partiu e distribuiu entre eles.

Então é que os seus olhos se abriram e eles o reconheceram... mas ele desapareceu da sua vista.

Disseram um ao outro: "Não é verdade que o nosso coração ardia, quando nos falava pelo caminho e nos explicava as Escrituras?".

Voltaram, naquela mesma hora, para Jerusalém. Acharam ali reunidos os Onze e seus companheiros, que lhes asseguraram: "É verdade! O Senhor ressuscitou e apareceu a Simão!".

Eles também contaram o que lhes tinha acontecido pelo caminho e como o reconheceram no partir o pão.

A história fala de Cleófas e seu companheiro caminhando na estrada de Emaús, aos quais se junta um estranho. Esse recém-chegado era Jesus, mas seus dois amigos não o reconheceram. Durante a jornada, eles discutiram os eventos da crucificação de Jesus, o túmulo vazio e suas esperanças pela redenção de Israel. Ao chegar à aldeia, o estranho aceitou o convite para ficar e compartilhar uma refeição com eles. No momento em que o visitante abençoou o pão e o partiu, os olhos dos dois discípulos se abriram. A luz da revelação raiou em suas almas pesarosas. A resposta deles incluiu espanto, assombro e um retorno imediato a Jerusalém para anunciar aos outros discípulos que Jesus havia de fato ressuscitado dos mortos.

Pintando quatrocentos anos atrás, Caravaggio usou seu dom divino de imaginação criativa para atrair os espectadores para este evento. Sua representação nos convida a nos aproximar do mistério que é Deus com todos os sentidos vivos e alertas a Deus em nosso meio. Sua arte enfatiza a verdade de que Deus pode ser experimentado nas circunstâncias normais da vida, se estivermos espiritualmente sintonizados com olhos e coração capazes de ver as realidades espirituais invisíveis que nos cercam. Nossas experiências comuns são transformadas quando reconhecemos o sagrado no meio da vida.

Agora dê uma olhada longa e cuidadosa no quadro *Ceia em Emaús* (1601), de Caravaggio[1]. Ela se encontra na National Gallery de Londres e representa o momento em que os discípulos reconhecem que o Jesus ressuscitado compartilha a refeição com eles. "À mesa, ele tomou o pão e, recitando a fórmula da bênção, o partiu e distribuiu entre eles. Então é que os seus olhos se abriram e eles o reconheceram..." (Lc 24,30 s.).

---

[1] Caravaggio, *Ceia em Emaús* (1601). Cf. <https://www.freeart.com/gallery/c/caravaggio/caravaggio27.jpg>. Acesso em: 26 abr. 2022.

A PINTURA — OLHANDO

Na descrição de Caravaggio para essa história, Jesus se senta a uma mesa com dois amigos de cada lado. À sua direita está um servo ou estalajadeiro. Esta é uma refeição diária com pessoas comuns. Acontece numa sala comum de uma casa comum. A cena emerge de um fundo escuro com as figuras colocadas na frente — um artifício artístico que nos atrai energicamente para o quadro e imediatamente nos envolve no encontro.
  Os personagens e a composição da mesa nesse drama são intensificados por uma luz vinda de cima. A fonte não revelada desta luz parece sobrenatural, quase como se Deus estivesse realmente presente nesta revelação surpreendente. A luz dá a entender que algo notável está acontecendo, embora o cenário seja trivial. Jesus não está mais morto. Ele está vivo!
  No centro da pintura, Jesus se inclina para a frente, saindo das sombras para a luz, onde é claramente visível. Como em sua aparição diante de Tomé, ele deseja ser visto e conhecido. Sua mão esquerda paira em bênção sobre sua própria porção de pão, uma das três que há na mesa — para cada um dos participantes desta refeição. Sua mão direita projeta uma sombra sobre a mão esquerda de bênção quando ela se estende da pintura em nossa direção. É essa ação das mãos de Jesus que unifica a cena. É também a ação que desperta o surpreendente lampejo de reconhecimento para os dois homens.
  Esses seguidores de Jesus haviam visto esse mesmo gesto familiar durante várias refeições em comum, especialmente na Última Ceia, na noite anterior à traição de Jesus. Aqui vislumbramos o arquétipo de todas as celebrações da Eucaristia. Enquanto sua mão se estende das sombras até nós, Jesus parece estar dizendo: "Eu sou o pão da vida... este é meu corpo, que é dado por vós... fazei isto em minha memória". A pintura indica que não existem barreiras a este convite. A mesa está aberta e acessível, Jesus é bem visível, seu gesto de boas-vindas tem uma intenção inequívoca. No entanto, às vezes relutamos em nos aproximar. Quantas vezes, como Tomé na pintura anterior, nos aproximamos fisicamente, mas espiritualmente mantemos partes de nós afastadas da exposição total da luz do mundo.
  Faça uma pausa para considerar como você respondeu ao convite de

Jesus. Que barreiras você ergue que o impede de se aproximar dele? De que maneiras você evita se envolver plenamente em suas refeições compartilhadas com o Senhor?

UM OLHAR MAIS ATENTO

Olhe por um momento para o rosto de Jesus. Perceba como é diferente de outras representações do Messias antes de sua crucificação. Além disso, é um rosto diferente daquele que os discípulos recordavam. É o rosto de um jovem — cheio, novo e descansado. Há individualidade nesta face, indicando que o modelo utilizado pelo artista era real. É o rosto de uma pessoa comum, sem qualquer sinal de grandeza ou heroísmo. Aqui está o rosto de Cristo ressuscitado, alterado pela ressurreição e distinguível do Jesus da história da arte. Ele não olha para nós, mas para o pão diante dele. No entanto, somos atraídos para esse rosto. A luz nos puxa para o centro da pintura em direção à pessoa de Jesus. Como esse rosto de Jesus fala com você? O que você lê nele — convite, rejeição, desprezo, amor?

Agora observe a resposta dos dois discípulos. O da direita (será este o impetuoso Pedro?) abre os braços com espanto, num gesto que nos faz lembrar a cruz em que Jesus foi pregado. É um gesto que serve para ancorar este momento na dolorosa morte que Jesus sofreu. Seu braço esquerdo rompe a moldura da pintura, avançando para o nosso espaço de visualização. Não podemos ignorá-lo ou descartá-lo porque ele se lança diretamente contra nós. Esse homem tem uma concha afixada na roupa, o símbolo de um peregrino e uma lembrança de sua ocupação como pescador antes de encontrar Jesus. Seu perfil é iluminado pela mesma luz sobrenatural que destaca seus traços comuns, rudes. Ele não está olhando diretamente para Jesus. Em vez disso, o foco de sua atenção parece ser a mão de Jesus que está abençoando o pão. Novamente, isso ressalta o fato de que o reconhecimento veio pela ação rotineira de partir o pão. O discípulo está surpreso com a notável revelação que está testemunhando.

O discípulo à esquerda também está surpreso. Ele expressa seu espanto agarrando-se aos braços da cadeira e afastando-se da mesa. O momento é estupendo demais para responder de outra forma. Seu

cotovelo direito, enfatizado por um pequeno remendo branco e brilhante, se projeta sobre nós. O dorso de sua cadeira é empurrado para fora da moldura. Quase podemos ouvir o barulho da cadeira sendo impelida à força para dentro do nosso espaço. Mais uma vez, somos forçados a nos envolver e a responder a essa história — é impossível ignorá-la. Seu rosto, também de perfil, está maravilhado enquanto ele também olha para a mão de Jesus. A testa franzida de ambos os homens se ergue enquanto seus olhos parecem não acreditar no que veem. Podemos imaginar pontos de exclamação aparecendo sobre suas cabeças se isso fosse um cartum. É Jesus! Cristo *ressuscitou!*
 Um participante dessa cena parece não ter consciência do significado do momento. O servo, não mencionado no relato do Evangelho, olha para Jesus e não vê a ação nem do ponto de vista dos discípulos nem do nosso. Ele ignora o significado dos gestos porque não esteve presente nas refeições anteriores com Jesus. Ele não conheceu Jesus e não tem nenhum lembrete de gestos familiares para deixá-lo surpreso. No entanto, ele parece sentir algo incomum e se inclina ligeiramente para Jesus com uma pitada de interesse e questionamento em seu rosto. Sua presença nos lembra que às vezes somos todos como esse homem — não totalmente envolvidos, ligeiramente curiosos, mas incertos em nossa resposta. Sua sombra na parede atrás de Jesus não pode apagar ou arruinar o brilho de Jesus ou o drama do evento. Tudo isso faz parte da cena. O mesmo se aplica a todas as nossas incertezas, nossos questionamentos, nossas dúvidas. Jesus parece reunir em sua presença serena todos os elementos e tensões de luz e escuridão.
 Na mesa, iluminada pela toalha branca brilhante, estão os elementos que compõem a refeição. Cada detalhe recebe atenção meticulosa do artista porque cada um é significativo — a carne, a fruta, o pão, o vinho e seus respectivos recipientes. A cesta de frutas, retratada com tal realismo que elas são mostradas com imperfeições e buracos de verme (o vinho que Jesus oferece em seu sangue nunca vai estragar ou se corromper como esta fruta), parece estar caindo da mesa, e temos uma sensação de querer estender o braço dentro da pintura para impedi-la de cair. As coisas simples e comuns nesta mesa se tornam sagradas e especiais pela bênção de Cristo. Este é um miraculoso momento de graça para os dois seguidores de Jesus.
 Siga o movimento feito pelos realces brancos e pelos rostos na pintura. Veja como eles fazem nossos olhos se moverem num ritmo

unificado desde o rosto de Jesus, descendo por seu braço esquerdo até o rosto e os braços do homem à direita, passando pela toalha de mesa branca, até a mancha branca na manga do discípulo à esquerda, subindo até a braçadeira do criado e voltando para Jesus. Junto com os gestos dos três personagens principais e a cesta de frutas precariamente posicionada, eles chamam nossa atenção, puxando-nos para a cena, e quase nos obrigam a dar alguma resposta a esse evento. Mantidas unidas pela figura de Jesus no meio da pintura, essas coisas focam nossa atenção e nos obrigam a olhar de perto para o que esta pintura está nos chamando.

CONVITE DE JESUS — RESPONDENDO

Somos convidados a compartilhar não apenas a revelação, mas também a refeição. O lugar vazio à mesa é amplo o suficiente para que puxemos uma cadeira e participemos da refeição. A mão estendida de Jesus, apontando diretamente para nós, nos estende um convite a cada um. Considere como sua participação na Ceia do Senhor pode ser transformada pelas verdades apresentadas aqui. Quão real é a presença de Jesus na mesa da comunhão? Essa realidade faz você responder com admiração e louvor?

A pintura de Caravaggio abre uma janela para experimentarmos a presença de Cristo ressuscitado. Ao refletir mais sobre o texto bíblico e a pintura, considere as maneiras como você experimenta a presença de Deus nas circunstâncias cotidianas de sua vida. Aborde todas as experiências da vida com gratidão e alegria porque Deus está em cada uma delas.

PARA REFLEXÃO E DISCUSSÃO

- Ao refletir mais sobre o texto e a pintura, você pode reservar algum tempo para rever seu dia. Onde estava Deus nele? Em que horas e lugares você reconheceu a presença e ação de Deus? Em retrospectiva, onde você não percebeu a presença de Deus? Onde deixou de reconhecê-lo? De que forma você pode estar mais aberto para reconhecer Jesus ao longo do dia?

- Como Jesus se faz presente nos eventos comuns de sua vida? Você percebeu esses momentos? Como você respondeu? Segundo a descrição no relato de Lucas, os discípulos mostrados aqui correm para contar aos outros sobre este encontro. Eles não o guardam para si mesmos. De que forma sua resposta é semelhante ou diferente à desses dois seguidores de Jesus?

- Os homens nesta história respondem como criancinhas — inconscientemente, espontaneamente e com genuíno espanto. Que papel o maravilhamento desempenha em sua jornada de fé? Se não houver nenhum, ore para que seus olhos sejam abertos e sua visão transformada e você possa ver a presença do elemento maravilhoso em toda a sua vida.

*

Parte Três

VIDA TRANSFORMADA

9

O CAMINHO DA CRUZ

Ridolfo Ghirlandaio
Procissão para o calvário

O que conecta todos os participantes nas histórias da seção anterior é o seu despertar para Deus e sua resposta subsequente. Cada um respondeu aos convites de Jesus para ver o que ele viu e aprender como ele viu, mas também para participar de sua vida. Isso implicou uma mudança em seu modo de viver — vendo com novos olhos, eles experimentaram uma nova vida. Passaram a ver as coisas como realmente são — como Deus as vê. Isso levou a uma vida em que Jesus ocupou seu lugar no trono do coração deles. Eles passaram por uma transformação não apenas de visão, mas também de vida. Quando Deus se torna o centro de nossa vida, tomamos consciência de que o seu amor criativo está dentro de nós. Isso nos permite viver em liberdade, com autenticidade e com uma nova consciência do que realmente é importante.

Uma ária da *Paixão de São Mateus*, de Bach, expressa belamente essa transformação. Traduzido livremente do alemão original, ela diz: "Purifique-se, meu coração, eu mesmo sepultarei Jesus. Pois ele, doravante, docemente descansará em mim. Mundo, saia, deixe Jesus entrar!" Este caminho de consciência tem nos levado ao coração do próprio Jesus, à medida que continuamente nos entregamos mais e mais a ele. Gradualmente, começamos a nos assemelhar a Jesus em seu amor, à compaixão e ao abraço total à vida. Lentamente, assumimos a mente e o coração de Deus.

Os seres humanos anseiam por conexão com seu criador. Como as palavras familiares de Agostinho nos lembram: "Nosso coração anda inquieto enquanto não descansar em ti". Notavelmente, no entanto, o anseio de Deus por nós é ainda maior do que o nosso por ele. Ele nos criou para si e para sua alegria, por isso constantemente nos procura. Deus dá início ao nosso anseio, desejando "que avancemos para a Sua presença e vivamos toda a nossa vida lá"[1].

Nossa jornada espiritual é o retorno ao nosso verdadeiro lar. Onde antes desfrutávamos da comunhão ininterrupta com Deus num jardim de beleza e tranquilidade, agora lutamos contra as ervas daninhas e os espinhos que bloqueiam nosso caminho de volta ao divino. A oração de Ricardo de Chichester expressa essa busca de maneira simples, mas profunda: "Que eu possa conhecer-te mais claramente, amar-te mais ternamente, seguir-te mais de perto, dia a dia"[2].

A transformação cristã é uma jornada em que nossos olhos, coração e vida são gradualmente purificados até vermos Deus face a face. É um movimento em direção a Deus, no qual permitimos que ele mude nosso coração e, por fim, nossa maneira de viver. Em *O peregrino*, John Bunyan o vê como uma luta contra os obstáculos que impedem nosso progresso em direção a Deus. Ele o descreve como um caminho para a glória, onde os peregrinos devem abandonar seus fardos e morrer para as coisas que os impedem de ver a face de Deus. Com uma visão mais clara e uma consciência ampliada da presença de Deus no meio de nosso trabalho e nossa vida, como então devemos viver? Precisamos apenas olhar para Jesus e para o modo como ele viveu sua vida na terra, para descobrir o padrão para nossa própria vida.

À medida que meditamos sobre a vida de Jesus, vemos como sua jornada modela o caminho para enfrentarmos os desafios e alegrias de nossa jornada e sermos totalmente entregues a Deus — como morrer para nós mesmos e permitir que ele tenha o governo completo em nosso coração. Jesus nunca perdeu de vista o destino de sua jornada. Estava totalmente focado em fazer a vontade de Deus. Sua visão nunca foi obscurecida por distrações ou por desejos egoístas. Seguia

---

1   A. W. Tozer, *The Pursuit of God* (Camp Hill: Christian Publications, 1993), p. 34.
2   Richard of Chichester, citado em Deborah Smith Douglas, *The Praying Life: Seeking God in All Things* (Harrisburg: Morehouse Publishing, 2003), p. 34.

a condução de seu Pai, confiando que Deus estava sempre com ele, mesmo nas fases mais difíceis de sua jornada.

A vida de Jesus foi animada por um profundo envolvimento na vida das pessoas que o cercavam. Ele experimentou momentos alegres de celebração, momentos tristes pela perda de pessoas que amava, ocasiões altamente emocionais de ser reverenciado e insultado, momentos de solidão e incompreensão, e momentos de frustração e raiva. Seus momentos mais sombrios, é claro, foram aqueles que levaram ao tormento carregado de oração no Getsêmani, sua prisão e julgamento e sua subsequente morte na cruz. Forçado a carregar sua própria cruz no caminho para a crucificação, Jesus foi sujeito ao desprezo, ao ridículo e à agonia.

OUVINDO

O artista Ridolfo Ghirlandaio baseou seu trabalho no texto "Ele, carregando a cruz, saiu da cidade, rumo ao lugar chamado Crânio (em hebraico Golgothá)" (Jo 19,17). Em sua pintura intitulada *Procissão ao Calvário*, vemos Jesus carregando sua cruz em direção ao monte do Gólgota, cercado por alguns de seus seguidores mais próximos, bem como soldados e outros a cavalo e a pé.

Reserve alguns minutos em silêncio e quietude para ler lentamente e em atitude de oração o trecho de João 19,16-18, bem como o de Lucas 23,26-32 para um relato mais completo. Observe qualquer coisa que prenda sua atenção. Faça uma pausa e reflita sobre quaisquer imagens, memórias ou associações que possam lhe ocorrer.

> Então, Pilatos o entregou para ser crucificado. E eles se apoderaram de Jesus.
>
> Ele, carregando a cruz, saiu da cidade, rumo ao lugar chamado Crânio (em hebraico Golgothá).
>
> Ali o crucificaram juntamente com dois outros: um de cada lado e Jesus no meio.

Agora, dê uma longa olhada na pintura, sem pressa. O que imediatamente atrai seu interesse? Quem ou o que é o foco aqui? Como você responde a ela?

Ridolfo Ghirlandaio
(1483-1561)

Ghirlandaio viveu e trabalhou na Itália durante a Alta Renascença. Durante este período, o mundo testemunhou o florescimento de seus maiores artistas — Raphael, Michelangelo e Da Vinci — todos os quais exerceram grande influência em Ghirlandaio. Conhecido principalmente por seus retratos, ele aprendeu seu ofício quando menino com seu pai. Aos onze anos, seu pai morreu e ele foi morar com o tio, que também era artista. Como era o caso da maioria dos artistas neste período da história, ele conhecia bem as histórias da Bíblia. Suas obras encomendadas constituíam principalmente de retábulos e afrescos de igrejas, como também de retratos. *Procissão ao Calvário* (1505) foi uma de suas primeiras encomendas. Foi produzido como retábulo da igreja de San Gallo, em Florença, e agora está em exibição na National Gallery of Art, de Londres.

A PINTURA — OLHANDO

A pintura[3] descreve três estágios de um caminho no qual diferentes grupos de pessoas dirigem-se ao mesmo destino. É o caminho que Jesus percorreu e que o conduz ao lugar de sua crucificação. Atrás está um grupo que segue Jesus em direção ao Gólgota. À frente está outro grupo que se aproxima do local.

Primeiramente, olhe o caminho trilhado por Jesus. No canto direito da pintura, uma procissão de nobres emerge de uma grande cidade, caminhando em direção ao destino final, onde eventos importantes estão prestes a acontecer. Eles não parecem estar cientes dos eventos tremendos que estão prestes a acontecer à sua frente. Eles estão a caminho, parando casualmente para conversar e conferenciar

---

3   Ridolfo Ghirlandaio, *Procissão ao Calvário* (1505). Cf. <https://www.nationalgallery.org.uk/upload/img/ghirlandaio-procession-calvary-nG1143-fm.jpg>. Acesso em: 26 abr. 2022.

uns com os outros — apenas mais um passeio, apenas mais um espetáculo para testemunhar.

Seu trajeto os leva para longe da próspera cidade atrás deles, através de uma arcada que está se desintegrando em ruínas. Este arco decadente marca o início do caminho do sofrimento e da morte, à medida que ele conduz para a frente e para cima, em direção à colina do crânio. Perto dessa abertura curva está uma rocha árida e erodida à qual se agarram uma árvore solitária, raquítica e uma raiz marrom morta. Isso oferece um nítido contraste com o cenário urbano rico e pacífico que fica atrás, bem como um prenúncio da árvore robusta na qual Jesus será pendurado. Os participantes nesta parte da cena sabem para onde essa estrada leva, embora não tenham nenhuma compreensão de seu grande significado. Eles seguem, cheios de curiosidade e interesse.

No canto oposto, à esquerda, vemos outras pessoas mais adiante na trilha que sobe em direção à colina. As figuras são menos distintas, mas parecem ser as partes que acompanham os dois ladrões que serão crucificados com Jesus neste dia fatídico. Subindo por esse caminho, chegamos ao morro propriamente dito, já preparado para os dois ladrões. Duas cruzes, já ancoradas no local, avultam no céu, que começa a escurecer com o aumento das nuvens. Quase no centro desta colina distante, um cavaleiro carrega um alto estandarte vermelho que perfura o centro da colina, marcando o local exato onde a cruz de Jesus será colocada. A viga horizontal curta da cruz e a lança longa e agressiva no centro da pintura se cruzam para formar um triângulo que acentua o lugar de crucificação de Jesus. O próprio Jesus é colocado em alinhamento direto com esse triângulo para não deixar nenhuma dúvida ao espectador sobre o lugar ao qual ele se dirige. Nem deixa qualquer dúvida sobre o destino que o aguarda. As cores suaves, delicadas do fundo da pintura, desmentem a feiura e o sofrimento do que está acontecendo bem à nossa frente.

Os dois grupos de cada lado da pintura emolduram a figura central de Jesus e ajudam a concentrar nossa atenção nele. Outrora anunciado por anjos alegres e recebido com louvor e adoração por pastores e reis, Jesus agora é rejeitado e desprezado. A oposição crescente e a demanda por sua morte por parte de seus detratores levaram a esse fim cruel. Aqui ele caminha dolorosa e lentamente em direção às suas horas escuras e finais na terra.

Podemos ter alguma dificuldade em ver os detalhes nesta pintura, e pode ser útil usar uma imagem maior ou uma lupa. Mas olhemos mais de perto a figura de Jesus. Ele se destaca em seu manto vermelho, seu corpo dobrado sob o peso da cruz enquanto caminha descalço no caminho de pedra. Ele também é puxado por uma corda amarrada à cintura, que o soldado à sua frente segura com firmeza. Apesar de seu sofrimento e angústia, o rosto de Jesus parece calmo e tranquilo. A coroa de espinhos comprime fortemente sua cabeça. Gotas de sangue escorrem por sua testa e pescoço. No entanto, ele prossegue em direção ao seu objetivo, aceitando totalmente a vontade de seu pai. Sua luta no jardim do Getsêmani terminou, e agora o vemos em serena e completa submissão ao seu chamado.

Enquanto Jesus carrega sua cruz com coragem e fé, ele teria tido dificuldade em encontrar Deus em meio a essa situação? Ou ele estava tão decidido a satisfazer a seu Pai que seu foco interior estava nele, de quem ele sempre extraiu força e determinação? Jesus se humilhou voluntariamente para se identificar totalmente com a humanidade. Ele se abaixou tanto que se submeteu à morte na cruz. Como a atitude de dependência de Deus por parte de Jesus pode ser útil para nós enquanto procuramos sua presença entre todas as circunstâncias da vida?

UM MOMENTO NA JORNADA

A representação visual de Ghirlandaio da jornada de Jesus ao Calvário mostra que "Uma grande multidão o acompanhava e umas mulheres batiam no peito e faziam lamentações por causa dele" (Lc 23,27). Aqui vemos o pequeno grupo de seguidores devotados muito próximos de Jesus, com seus halos dourados que os distinguem dos outros. Eles o acompanham em seu doloroso caminho ao Calvário. Eles se conformam com seu sofrimento enquanto caminham com ele e entram em sua dolorosa luta. Estão totalmente focados nele enquanto caminham logo atrás. Seus rostos estão tristes, mas eles apresentam uma incrível quietude e paz — uma paz em ousado contraste com as outras pessoas na cena e exibem uma serenidade interior que contradiz suas circunstâncias externas.

Observe também a semelhança entre a postura e o rosto deles e o de Jesus. À medida que seu corpo se inclina sob o peso da cruz, essas mulheres se inclinam em direção a Jesus com o olhar fixo nele. João, o discípulo amado, vestido de vermelho e olhando quase feliz para o céu, está perto da mãe de Jesus. Antecipamos aquele momento em que Jesus, pendurado na cruz, reúne Maria e João, dizendo: '"Mulher, eis aí teu filho!'. Em seguida, disse ao discípulo: 'Eis aí tua mãe!'" (Jo 19,26 s.). Os seguidores de Jesus estão começando a se assemelhar a ele não apenas em seu sofrimento, mas em sua serenidade e confiança no Pai. A transformação interior que começou nos momentos de intimidade com Jesus está se tornando evidente em suas vidas, visível do lado de fora.

Os grupos de forças opostas em torno de Jesus parecem antagônicos e severos. A raiva e hostilidade em seus rostos contrastam fortemente com os rostos gentis daqueles que são amigos de Jesus. Retratados principalmente de perfil, seus traços são nitidamente definidos e duros. Observe o rosto agressivo do homem na extremidade esquerda e o punho cerrado de outro atrás dele. Olhe para o soldado imediatamente na frente do cavalo. Ele mostra um rosto cheio de raiva e ódio enquanto olha para as mulheres. Tudo isso é enfatizado pelas diagonais angulares agudas da cruz e da lança no meio da pintura. A dura e brilhante armadura metálica do soldado montado, as pontas afiadas dos elmos e armas enfatizam sua animosidade.

Volte e olhe novamente para os rostos de todas as pessoas na pintura. O que é incomum neles?

Observe que quase todos estão olhando para outro lugar, menos para fora, para o visualizador. Na verdade, existem apenas duas faces que olham diretamente para nós. Primeiramente, há o homem na extremidade esquerda carregando um rifle comprido. Ele olha resolutamente para nós enquanto aponta o polegar de volta para a figura de Jesus. Há também o rosto que nos olha no pano segurado pela mulher que se ajoelha ligeiramente atrás de Jesus. Historicamente identificada pelos católicos romanos como Verônica, ela o usou para limpar o suor e o sangue do rosto de Jesus. Essa ação imprimiu o rosto de Jesus no pano, e agora o próprio rosto de Jesus parece estar olhando para nós. Ambos os rostos nos confrontam com questões sobre nossa própria jornada de transformação.

E VÓS, QUEM DIZEIS QUE EU SOU?
— RESPONDENDO

Em Mateus 16,15, Jesus pergunta a seus discípulos: "E vós mesmos, quem dizeis que eu sou?". O gesto deste homem voltado para nós nos confronta com a mesma pergunta. O que achamos desse Salvador sofredor? Qual é nossa resposta? É um reconhecimento de que este é verdadeiramente o Cristo, o filho de Deus e salvador do mundo? Iremos nos juntar a seus amigos e seguir também, mesmo que o caminho seja temporariamente escuro e pouco atraente? Reconhecemos Jesus como o redentor de nossa alma?

A pergunta é dirigida a nós novamente a partir do rosto que encontramos no pano. A mulher que o segura o faz com ternura. Ela expressa de forma visível o mistério da encarnação. Um verso da canção natalina "Ó, pequena cidade de Belém" reza para que a criança sagrada de Belém "nasça em nós hoje". Somos convidados a receber em nós mesmos a própria presença de Jesus, simbolizada nesta imagem impressa. Somos convidados a carregar sua imagem — não num pano, mas em nosso ser. Como a mulher que segura esse pano sagrado, nós também passamos a portar sua imagem ao estarmos intimamente ligados a ele. Observe como as mãos dela tocam as dele enquanto ela tira o pano de Jesus. Em sua vida, morte e ressurreição, ele nos pede que nos aproximemos e o toquemos para nossa cura e salvação. Estamos próximos o suficiente para encontrar Jesus na intimidade que ele deseja compartilhar conosco?

Olhe novamente para a companhia dos amigos de Jesus. Eles se amontoam perto dele, recusando-se a se separar dele, não importa aonde seu caminho os leve. Sua conexão física na cena expressa a intimidade espiritual que compartilham com ele. Eles também estão ligados pelo mesmo tipo de roupa, pela sua conduta serena e sua evidente devoção. Observe que, exceto a mulher ajoelhada, todos seguem Jesus com as mãos vazias. Eles representam peregrinos que são espiritualmente receptivos para se tornarem mais íntimos de seu Senhor. Eles desistiram de tudo para segui-lo. Eles nos lembram do ensino de Jesus de que "Se alguém quer me seguir, renuncie a si mesmo, tome a sua cruz e siga-me" (Mt 16,24).

Esses seguidores caminhavam com Jesus e agora ousam se arriscar a ser identificados publicamente com ele. Eles estão unidos ao seu

Senhor, mesmo em seu sofrimento. Compartilhar nossa jornada de fé com outros cria o tipo de comunidade que Jesus encorajou e modelou em seu relacionamento com seus discípulos. É aqui que encontramos força enquanto caminhamos juntos. É aqui que nos ajudamos uns aos outros a ver onde ele está em meio às adversidades da vida.

ENVOLVIMENTO PESSOAL

A pintura de Ghirlandaio nos convida a ficar perto de Jesus enquanto o seguimos. Ele nos convida a um lugar de entrega onde podemos ser moldados à imagem do filho de Deus. Encoraja-nos a ser conformados à imagem de Cristo — a nos tornarmos cada vez mais semelhantes a ele em sua vida e em sua morte.

Carregar minha cruz não é um pensamento atraente, mas gosto de pensar que faço parte do grupo que seguia Jesus de perto em seu caminho para o Gólgota. Fico impressionada em perceber como as mulheres estão fisicamente conectadas com Jesus em seu sofrimento. Posso não ser tão corajosa ou decidida como as mulheres da pintura, mas sinto-me atraída a juntar-me a elas e também, assim, estar perto de meu Senhor.

Em seu livro *Long on the Journey*, Basil Pennington afirma que nossas lutas e sofrimentos recebem perspectiva e significado quando caminhamos "no caminho da cruz". Isso ocorre porque "no final há sempre um significado último, o túmulo vazio — ressurreição e ascensão — para Cristo e para cada um de nós, seus membros"[4]. Ele continua:

> Estamos numa jornada e, como qualquer jornada, não teria sentido se ela não tivesse um destino. De fato, ela tem um destino, um destino maravilhoso, glorioso e garantido. O caminho para lá nos foi aberto por esta dolorosa jornada ao Calvário; foi-nos assegurado por esta jornada. A Via Sacra sublinha o sentido de toda a vida, ao mesmo tempo que dá sentido aos pequenos — e também aos maiores — sofrimentos e cruzes da vida.

---

[4] M. Basil Pennington, *Long on the Journey: The Reflections of a Pilgrim* (Huntington: Our Sunday Visitor, 1989), p. 100.

Permita-se aproximar-se de Jesus e segui-lo com devoção e entrega enquanto ele o conduz ao destino final — transformação e união com Deus. Deixe aquele que é o caminho conduzi-lo na única jornada que vale a pena seguir.

PARA REFLEXÃO E DISCUSSÃO

- O artista apresenta a jornada de seguimento de Jesus como identificação com ele em seu sofrimento. Paulo nos exorta a nos alegrar no Senhor (Fl 3,1), mas ele conecta isso a conhecer "o poder da sua ressurreição, e, participando de seus sofrimentos, me conformar a ele na morte. E assim chegar, se possível, à ressurreição dentre os mortos" (Fl 3,10 s.). Como você se identifica com Jesus em seu sofrimento?

- Pare por um momento e coloque-se dentro da pintura. Onde você está em relação a Jesus enquanto ele faz sua jornada para o Calvário? Você está distante dele ou perto o suficiente para tocá-lo?

- As Escrituras nos lembram de manter nossos olhos fixos em Jesus. Quando você entra na pintura com sua imaginação e sentidos alertas, onde seus olhos estão focados? Você olha para baixo com desespero ou para cima em direção ao rosto de Jesus com esperança e confiança?

- Jesus criou uma comunidade coesa de seguidores fortemente unidos no amor. Com essa união, eles encontraram incentivo para sua fé e força em seus momentos de tristeza. Com qual grupo da pintura você mais se identifica neste ponto de sua jornada? Como sua própria comunidade de fé o sustentou e apoiou em sua jornada em direção à transformação?

10

CHAMADO PARA SEGUIR

CARAVAGGIO
A vocação de São Mateus

A jornada espiritual cristã é uma resposta ao convite de Deus para permitir que a graça nos transforme. Nosso coração só pode ser transformado pela graça e amor de Deus. Esse amor é sempre oferecido a nós, mas temos de recebê-lo e permitir que ele nos mude. Devemos estar dispostos a abrir mão de nossas maneiras egocêntricas de ser, e deixar Deus ser o centro de nossa vida. Seguindo o caminho de Cristo, vivemos o mistério cristão e refletimos cada vez mais a imagem de Deus. O início desta jornada é um encontro com o Deus vivo, que pode ser repentino ou gradual. Seja como for, sempre incluirá uma virada ou uma mudança de direção e um despertar. A Bíblia registra muitas conversões ou despertares nos quais Deus é encontrado de maneira espetacular. Geralmente, contudo, a maioria inclui um primeiro encontro não dramático e atos recorrentes de virada.

Virar-se para Deus faz sentido porque Deus é aquele que deu o primeiro passo para se voltar para nós. Deus sempre toma a iniciativa — Deus primeiro nos nota, põe olhos de amor sobre nós, nos chama pelo nome e nos convida a participar da comunhão da Trindade. Nossa resposta a este convite será apenas um primeiro passo numa jornada de transformação ao longo da vida de despertar e de conhecimento de Deus pela experiência. É uma jornada para nos tornarmos nosso verdadeiro eu em Cristo — uma jornada onde nos tornamos mais semelhantes a Cristo.

O CHAMADO DE
SÃO MATEUS — OUVINDO

O primeiro encontro de Mateus com Jesus é uma história sobre sua resposta ao amor de Jesus. O relato de sua chamada está registrado em três dos Evangelhos. Mateus e Marcos descrevem este evento em linguagem concisa e direta. Não há elaborações, nenhum detalhe adicionado, simplesmente se afirma que Mateus se levantou e o seguiu. A descrição de Lucas é igualmente simples, mas acrescenta que Mateus deixou tudo para trás e imediatamente seguiu Jesus.

Reserve algum tempo para ler a história conforme está registrada em Lucas 5,27-32. Permita-se sonhar acordado enquanto a lê, colocando-se imaginativamente no lugar. Esteja presente na cena e experimente com todos os seus sentidos totalmente alertas. Observe o que está acontecendo — preste atenção aos sons, cheiros, visões, ações.

> Depois disto ele saiu, reparou num cobrador de impostos que se chamava Levi, sentado à sua mesa de cobrança, e lhe disse: "Segue-me!".
>
> E, deixando tudo, ele se levantou e começou a segui-lo.
>
> Levi ofereceu-lhe então um grande banquete em sua casa. Era numerosa a participação de cobradores de impostos e outras pessoas, que estavam à mesa com ele.
>
> Os fariseus e mestres da lei começaram a murmurar e dizer aos discípulos de Jesus: "Por que comeis e bebeis com os cobradores de impostos e outra gente de má vida?".
>
> Mas Jesus lhes respondeu: "Não são os homens de boa saúde que precisam de médico, mas sim os doentes.
>
> Não vim chamar os justos, mas os pecadores para a conversão".

MEDITAÇÃO DE CARAVAGGIO — OLHANDO

Agora, reserve um tempo para olhar com atenção para *A vocação de São Mateus*, de Caravaggio[1]. Esta pintura é a meditação de Caravaggio sobre a história simples de um homem chamado Levi sentado à mesa da coletoria enquanto Jesus passa, o vê e o convida a segui-lo. Como foco de sua obra, Caravaggio escolhe os versículos "Depois disto ele saiu, reparou num cobrador de impostos que se chamava Levi, sentado à sua mesa de cobrança, e lhe disse: 'Segue-me!'. E, deixando tudo, ele se levantou e começou a segui-lo" (Lc 5,27 s.).

A vocação de São Mateus foi a primeira pintura encomendada a Caravaggio e ocupa uma parede inteira da Capela Contarelli, em Roma. Ela mede 3,2 m por 3,35 m. As outras duas paredes da capela mostram cenas de Mateus escrevendo seu Evangelho e seu martírio. As obras são grandes, com figuras em tamanho natural. Preenchem a pequena capela em que estão abrigadas e cativam a atenção. Elas envolvem poderosamente o espectador com a força de seu realismo incrível e com a dramática justaposição de luz e sombra.

Ao ver o original desta pintura pela primeira vez na Capela Contarelli, em Roma, fiquei comovida até as lágrimas e fascinada por seu poder. O tamanho das figuras e a proeminência da mão de Jesus no centro chamaram minha atenção. Aquela mão parecia estar apontando para mim e me convidando a virar e seguir Jesus. O dedo de Mateus apontando para si mesmo poderia ser o meu, questionando meu mérito de ser escolhida e chamada a segui-lo. Para mim foi fácil colocar-me na pintura e *ser* Mateus, respondendo com espanto ao convite de Jesus. E fiquei maravilhada novamente com o ousado amor de Deus por mim.

A interpretação dada por Caravaggio a essa história é rica e comovente, e os detalhes que ele inclui são cheios de profundo significado espiritual. Um olhar mais atento e mais meditativo sobre a pintura

---

[1] Caravaggio, *A vocação de São Mateus* (1599-1600). Cf. <https://www.freeart.com/gallery/c/caravaggio/caravaggio24.jpg>. Acesso em: 26 abr. 2022.

ampliará nossa compreensão da história e da jornada transformacional. O que você nota quando olha para a pintura? Que perguntas ela lhe faz? Como você responde?

Ao contrário de muitas de nossas imagens preconcebidas dessa cena, Caravaggio coloca a ação em ambientes internos e em sua própria época e lugar. A pintura está dividida em duas metades desiguais. A metade esquerda está contida num retângulo horizontal, enquanto a direita está contida num vertical. Ambos são ligados e unidos pela mão estendida de Jesus, que atravessa o espaço entre eles. À esquerda se encontra um grupo de cinco homens sentados a uma mesa, vestidos no estilo europeu contemporâneo da época de Caravaggio. À direita estão dois outros homens, que entraram na sala escurecida, um deles é Jesus. Estão vestidos com as roupas dos dias de Jesus. Voltarei ao significado disso mais tarde. Acima deles, formando a linha divisória entre as duas metades, há uma janela grande e proeminente. Cortando a tela de maneira dramática na diagonal, vê-se um poderoso feixe de luz que ilumina os rostos e as figuras das pessoas à mesa. As figuras da pintura mostram-nos diferentes formas de responder a esse chamado à transformação.

Ao olhar para a pintura, qual é a primeira coisa que atrai sua atenção? Talvez seja o feixe de luz, ou talvez seja a mão de Jesus, a janela, o grupo de homens à mesa à esquerda ou os dois homens à direita na tela. Seja o que for, pare por um momento para olhar e refletir, e então veja aonde essa primeira impressão o leva. (Às vezes, é útil usar uma lupa para realmente olhar a pintura.) O uso dramático da luz e da sombra — técnica conhecida como *chiaroscuro* — era mais do que apenas uma técnica artística para Caravaggio. Ele a usou para transmitir verdades espirituais que falam de escuridão espiritual interior e luz interior. Observe que a cena se passa numa sala ensombrada. A luz que entra não vem da janela, mas de alguma fonte externa — uma indicação de que esta não é uma luz comum. Trata-se da luz sobrenatural da própria presença de Deus. Este é um momento de enorme significado espiritual. É um momento de transformação. A luz penetra a escuridão da sala e ilumina os rostos das pessoas ao redor da mesa.

QUEM, EU?

Olhemos com mais atenção para o lado esquerdo da pintura. Lembre-se do que aconteceu antes desse momento. Jesus notou o coletor de impostos e pediu-lhe que o seguisse. Aqui, Mateus está sentado com outras quatro pessoas. Sua mão direita está suspensa sobre a mesa e segura parte do dinheiro que está sendo contado. Ele está registrando a coleta do dia. Com a mão esquerda, ele aponta para si mesmo com o dedo indicador. Ou talvez esteja apontando para as duas pessoas à sua direita, inclinadas sobre a mesa. Mateus pode estar se perguntando se Jesus realmente se refere a ele ou a esses dois ao lado dele. Ele parece estar surpreso com o fato de a luz e o amor de Deus repousarem sobre ele, e quase podemos ouvi-lo fazer a pergunta: "Quem, eu?".

Lembre-se de quem Mateus era — um coletor de impostos, uma pessoa considerada trapaceira, que desviava dinheiro dos impostos para seu próprio ganho. Ele era um proscrito em sua cultura e relegado às margens da sociedade juntamente com leprosos e prostitutas — malquisto, desagradável e doentio. No entanto, aqui estava ele com seus amigos e sendo convidado a seguir Jesus. Está recebendo a chance de encontrar uma nova identidade como alguém que é amado em Cristo. Está sendo chamado para uma jornada onde seu coração e sua vida seriam transformados — onde sua vida seria completamente transformada.

O rosto questionador de Mateus, totalmente iluminado pela luz sagrada, olha para Jesus. Seu olhar é direto e aberto. Os objetos do foco e da atenção de Mateus são Jesus e sua voz. A mão estendida de Jesus logo abaixo da janela, enfatizada por uma manga vermelha, também é iluminada por aquela luz. É uma presença dominante que convoca Mateus para uma nova vida, onde ele é amado e aceito assim como é.

Jesus pode ter passado com frequência pela coletaria e visto Mateus em seu trabalho; talvez até o conhecesse pelo nome. Ele, sem dúvida, teria sabido como ele era totalmente inaceitável em sua sociedade. No entanto, Jesus faz algo extraordinário ao romper com a tradição cultural. Ignora as convenções de sua época que exigiam evitar pessoas como Mateus. Ele simplesmente o chama e o convida a segui-lo. Se você olhar com atenção, verá que os pés de Jesus já estão virados na direção que o levará para fora da sala e rumo a um caminho diferente.

No momento congelado capturado nesta pintura, Mateus ainda não obedeceu ao chamado. Ele acabou de ouvir Jesus citando seu nome e convidando-o a segui-lo. É um momento de decisão em que se encontra sentado sob o brilho da luz que mostra quem ele realmente é. É uma luz que expõe suas fraquezas e seus pecados. A escuridão da sala, que simboliza a escuridão interna da alma de Mateus, é perfurada pela luz da presença sagrada. Sua alma é desnudada pelo resplendor da glória. Ele fica cara a cara consigo mesmo e com Jesus, e agora deve fazer a escolha de segui-lo ou não.

Volte sua atenção por um momento para o lado direito da pintura. Jesus está ao lado de Pedro, que já foi chamado e decidiu segui-lo. O artista o coloca no lado mais escuro da pintura e atrás do discípulo. Não é fácil encontrá-lo na escuridão. Há um tênue halo ao redor de sua cabeça para garantir que não deixemos de ver quem ele é. Sua mão se estende da escuridão e aponta com autoridade e decisão para Mateus. No entanto, é também uma mão gentil — mão que oferece vida e perdão. É uma mão convidativa. Jesus nunca nos chama coercitivamente ou com força. Seu rosto à meia-luz olha para o coletor de impostos com compaixão e amor.

Mateus começa a saber o que é o amor incondicional, pois Jesus o aceita em sua condição atual. Ele sabe como seu coração tem sido ganancioso e ambíguo na maneira como vivia e ganhava a vida. Parece estar ciente de sua necessidade de transformação. Talvez comece a perceber que seu valor próprio realmente vem de uma vida vivida na dependência de Deus. Agora o amor e a vida são oferecidos a ele sem questionamentos. Ele está recebendo amor incondicional, liberdade e uma oportunidade de se tornar uma nova pessoa. Está sendo convocado a fixar os olhos em Jesus, não no tesouro terrestre. Está sendo solicitado a mover-se das trevas para a luz do amor de Deus. Esse amor é a única coisa que pode trazer transformação.

Minha amiga poetisa da Nova Zelândia, Kathy Hughes, expressa bem em *Love with No Edges* [*Amor sem limites*][2] o que Mateus deve ter experimentado em seu chamado à luz e à vida.

---

2   Kathy Hughes, "Love with No Edges," *Facing the Shadow* (Christchurch, 2007), p. 21. Usado com permissão. Não publicado.

Amor dado de graça,
sem reservas, sem fantoches.
Aceitação como é,
sem julgamento, sem acusação.
Amor sem limites,
uma planície aberta.
Sem acusações
para me derrubar.
Apenas amor cálido levando ao sol,
à liberdade, ao riso e à vida.

Mas e se Mateus não tivesse notado a voz de Jesus, ou se não a tivesse levado em conta? E se não tivesse olhado para Jesus ou o tivesse ignorado quando foi abordado? E se tivesse escolhido permanecer na escuridão daquela sala abafada? Observe os dois indivíduos na extremidade esquerda da pintura. Um se encontra totalmente absorto em algo sobre a mesa. Se olharmos bem de perto, veremos que está contando algumas moedas. Sobre a mesa, vemos também uma caneta em um tinteiro e um livro-caixa para registrar os pagamentos do dia. Outro homem se inclina sobre a figura sentada enquanto ajusta seus óculos para ver mais de perto os ganhos. Ele parece ser o mais velho do grupo. Ambos estão tão absortos em sua ocupação que nem percebem que Jesus entrou na sala. Parecem alheios ao convite feito a Mateus. Com os olhos focados em coisas mais terrenas, não percebem Jesus de modo algum e perdem a oportunidade de também serem convidados para uma nova vida em Cristo.

Os dois homens mais jovens à esquerda de Mateus estão curiosos com essa interrupção. Um se inclina para a frente e parece estar conversando com Pedro. O mais jovem se apoia em Mateus e parece hesitante, com um olhar de dúvida, parecendo se afastar um pouco do par que adentrou seu espaço, sem saber o que esse encontro pode significar para ele. Ele e seu companheiro no banco percebem a causa dessa interrupção, se interessam e começam a se engajar. A escolha também lhes é oferecida por meio do convite do discípulo cuja mão está igualmente estendida para eles. Aquele de costas para nós está sentado num banco com sua espada apontando diagonalmente para

Mateus — outra maneira de identificar Mateus na pintura. Sua postura poderia indicar que ele está interessado o suficiente para tomar uma decisão? Uma mão repousa sobre a mesa enquanto a outra está no banco, o que o faz parecer estar se preparando para se levantar e seguir. Ele se divide entre o mundo familiar que compartilha com os outros na cena e o futuro desconhecido que está sendo oferecido a ele. Sua decisão ainda será determinada.

Observe que os cinco homens à mesa têm idades diferentes. Eles variam no sentido horário desde um rapaz muito jovem que se apoia em Mateus, passando para um pouco mais velho escarranchado sobre o banco, um jovem adulto contando o dinheiro, depois o mais velho com os óculos e, finalmente, o próprio Mateus, que parece ser um adulto maduro. O convite é oferecido a todos, não importa a idade. A mão de Jesus, congelada aqui no espaço, comanda a atenção e chama pessoas de todas as idades. O convite a uma relação de amor com Jesus se estende a todos.

Observe as diferenças nas roupas entre os dois grupos de pessoas. À esquerda, cores, texturas e ornamentações apontam para um mundo rico e suntuoso. Observe o manuseio magistral de penas, sedas, cetins, peles e veludos por parte de Caravaggio enquanto a luz milagrosa brinca em toda a cena, destacando as dobras e volumes de tecidos luxuosos e as texturas de metal e madeira. À direita, Jesus e Pedro estão vestidos com roupas palestinas simples e sem adornos — um nítido contraste com as do grupo sentado. Esse contraste ressalta o fato de que Jesus abarca todas as épocas e idades para chamar as pessoas a segui-lo. Jesus não veio apenas para chamar aqueles de seu próprio período na história, mas todas as pessoas de todos os tempos.

O CHAMADO E A CRUZ
— RESPONDENDO

Mas o que exatamente esse convite significa? Uma pista é fornecida pela janela que ocupa um espaço enorme na pintura. A janela forma uma cruz evidente, e Caravaggio coloca a mão de Jesus imediatamente abaixo dela. Lembramos as palavras de Jesus segundo as quais devemos negar a nós mesmos, tomar nossa cruz e segui-lo. Assim como

Jesus tomou sua cruz, que o levou ao Calvário, também devemos tomar nossa própria cruz e morrer para nós mesmos. Isso significa despertar para o convite de Jesus, deixando para trás a vida que levamos no passado, abandonando nossos velhos modos de ser e seguindo o caminho de Jesus. Isso implica afastar-se de algo e tomar a direção de uma nova orientação. Para Mateus, isso significava deixar para trás sua riqueza, seus antigos modos familiares de ser, suas roupas finas e sua vida rica. Seguir Jesus significaria assumir a vida simples que Jesus oferecia a todos os seus seguidores. Na época de Caravaggio, isso também era um chamado para fazer votos de pobreza — uma prática que refletia os ideais da igreja de sua época.

Aqueles que já haviam decidido seguir Jesus abandonaram seu meio de subsistência e se juntaram a Jesus para uma vida de simplicidade. O discípulo nessa pintura, tradicionalmente identificado como Pedro, chama nossa atenção para este aspecto ao se inclinar para a frente com o intuito de convidar outros a se juntarem à jornada. Pedro, como Jesus, está descalço e vestido com simplicidade. Ele não tem riqueza aparente, apenas um cajado e uma capa. Ele abandonou sua antiga vida de pescador e desistiu de tudo para seguir Jesus. Veja como sua mão é semelhante à mão de Jesus. Ele está imitando Jesus ao estender a mão gentilmente, envolver outras pessoas na conversa e convidá-las a seguir também. Ele está gradualmente se tornando mais semelhante a Cristo à medida que mantém seus olhos e sua vida focados em Jesus.

Como representado por Caravaggio, o chamado de Jesus chega até nós em meio às atividades ordinárias e cotidianas da vida. Às vezes, nossa experiência diária é sombria e penosa. No entanto, a luz de Deus está sempre presente, perfurando a escuridão de nossas batalhas terrenas. Jesus entra continuamente em cada experiência de nossa vida com a mão estendida e nos convida a nos voltar para ele. Às vezes, é difícil discernir sua presença, mas se praticarmos a atitude atenta, desperta, saberemos que ele entrou em nosso quarto e nos chamou pelo nome. Então podemos nos voltar e responder com um sonoro sim ao seu amor e luz.

Nós sabemos qual foi a resposta de Mateus. Ele imediatamente se levantou, deixou tudo para trás e seguiu Jesus. Mais tarde, em Lucas 5, ficamos sabendo que ele jantou em sua casa, onde os convidados incluíam não apenas Jesus, mas outros que também eram coletores de impostos. Ele havia dado tudo para ser um discípulo de Jesus e começou a chamar outros para a transformação. Isso também faz parte da jornada.

O estágio final dessa jornada transformacional é maravilhosamente expresso no conhecido hino de Charles Wesley *Amor divino, que excede todos os amores* (1747):

> Terminai, então, vossa nova criação;
> puros e imaculados, sejamos.
> Deixai-nos ver vossa grande salvação
> perfeitamente restaurada em vós;
> Transformados de glória em glória,
> até que no céu tomemos nosso lugar,
> Até lançarmos nossas coroas diante de vós,
> perdidos em admiração, amor e louvor.

Permita que Deus faça o trabalho de transformação à medida que você atravessa cada dia. Trate cada interrupção bem-vinda ou indesejada como uma oportunidade de conhecer a presença de Deus e voltar-se para a vida e o amor. Esteja mais atento ao chamado contínuo de Jesus em sua vida. Permita-se responder à maravilha de seu amor transformador. Viaje neste amor e seja transformado de glória em glória até que Deus complete a obra divina de restauração e reforma.

PARA REFLEXÃO E DISCUSSÃO

- Passe algum tempo olhando novamente para a pintura. O que mudou para você? O que você vê de diferente?

- Em sua imaginação, dê um passo adiante na pintura e tente se identificar com cada um dos personagens. Há um espaço à mesa para você também. Quando Jesus entrasse em sua sala escurecida, com o que você estaria preocupado? Onde está seu foco? O que está em sua mesa em frente e o que o absorve? Você ao menos percebe quando Jesus entra?

- Como é ter a força plena da luz de Deus brilhando sobre você? O que essa luz expõe em sua vida que você precisa entregar a Deus? Como essa luz permite que você veja a si mesmo e a tudo de uma nova maneira? O que você teria de abandonar para seguir Jesus mais plenamente?

- Como é ouvir a voz de Jesus chamando para estar com ele e caminhar mais próximo a ele?

- O que o impede de tomar a decisão de o seguir quando está "escarranchando no assento"? O que o atrai ou repele no chamado de Jesus? O que o faz hesitar e voltar para as sombras?

- Você está realmente ciente da voz e presença de Jesus em meio às suas experiências de vida atuais — chamando-o para tomar outro rumo e ser transformado? Como você responde?

*

11

VER CRISTO NOS OUTROS

HE QI
A Visitação

◯ coração que é verdadeiramente transformado pelo amor de Deus torna-se lugar que oferece espaço para hospitalidade aos outros — não apenas para aqueles de nossa comunidade de fé, mas para todas as pessoas. Essa visão ampla da hospitalidade era central para as práticas antigas da cultura judaica e do monaquismo cristão. Pense nas diversas histórias da Bíblia em que os visitantes são recebidos abertamente com lavagem dos pés e uma refeição. A história de Abraão oferecendo as boas-vindas a três estranhos vem imediatamente à lembrança. A Regra de São Bento (cap. 53, v. 1) encoraja seus adeptos a permitir que todos os convidados que chegam, desconhecidos ou não, sejam recebidos como Cristo. Eles fazem isso porque Jesus vai lhes dizer, quando eles o virem no céu, que eles o receberam quando ele veio como um hóspede entre eles. Jesus praticava a inclusão de cada pessoa conhecida, e para imitá-lo devemos estender o amor e a graça a todos. Mediamos a graça para os outros quando recebemos todos os hóspedes em nosso coração como Cristo.

O dom da hospitalidade, oferecido com amor a todas as pessoas, começa com um coração transformado pelo amor. A partir daqui, e com a quietude interior que vem da oração contemplativa, somos capazes de deixar de lado nossas preocupações e interesses a fim de estar totalmente presentes para o outro. A prática da atenção a Deus em silêncio nos capacita a dedicar atenção pessoal e total aos outros. O espaço que oferecemos é sagrado porque Deus está lá, sendo ele o verdadeiro anfitrião. Honramos a presença mística de Cristo em cada pessoa quando a acolhemos e a abraçamos como Cristo. Devemos fazer a jornada espiritual com outras pessoas. Dentro de nós, a experiência de Deus clama para ser compartilhada; e fazer isso com companheiros sábios e confiáveis é uma parte importante da maneira como aprendemos a atender ao movimento do Espírito na vida diária. Esse é o tipo de compartilhamento que está no cerne da companhia espiritual. Ele pode ser expresso simplesmente como amizade de convidado ou, de maneira mais intencional e formal, na direção espiritual. Em ambas as maneiras, compartilhamos nossa experiência de Deus e aprendemos a discernir a ação de Deus em nossa vida. Concentramo-nos no mistério que nos conecta uns aos outros e a Deus.

MARIA VISITA ISABEL — OUVINDO

Lucas nos diz que quando Maria soube que seria a mãe do Messias, ela correu até a casa de sua prima para compartilhar a notícia. Isabel, ela mesma milagrosamente abençoada pelo Senhor, saudou Maria com franqueza e calor. Não sabemos os detalhes do que disseram uma à outra. Mas vemos o suficiente de sua interação para identificar uma série de elementos importantes que ampliam nossa visão de como é a hospitalidade da alma. Iremos explorar isso ao olharmos juntos para esta obra de arte.

Mas, primeiro, reserve um tempo para ler refletidamente toda a história em Lucas 1,39-56. Medite sobre as imagens à medida que elas vierem à sua mente. Você pode até ter uma imagem mental que emerge de suas memórias de um cartão de Natal favorito, alguma outra pintura ou até mesmo uma representação encenada. Acompanhe a cena e esteja presente lá para ver o que está acontecendo. Ouça a conversa e veja se você consegue ter uma noção da atmosfera da visita.

Naqueles dias, Maria se dirigiu a toda a pressa para a região montanhosa, a uma cidade da Judeia.

Entrou na casa de Zacarias e saudou Isabel.

Quando Isabel ouviu a saudação de Maria, o menino saltou no seio dela e ficou cheia do Espírito Santo.

Então, exclamou em voz alta: "Bendita és tu entre as mulheres e bendito é o fruto do teu seio!

De onde me vem a felicidade de que a mãe do meu Senhor venha me visitar?

Logo que ouvi a voz da tua saudação, o menino saltou de alegria em meu seio.

Sim, feliz a que acreditou na realização do que lhe foi dito da parte do Senhor!".

Então, Maria disse:

> "Minha alma engrandece o Senhor,
> meu espírito alegra-se intensamente em Deus meu Salvador,
> porque olhou para a humildade da sua serva.
>
> De agora em diante,
> todas as gerações me chamarão bem-aventurada,
> porque o Todo-Poderoso fez em mim grandes coisas.
>
> Santo é Seu Nome
> e Sua misericórdia se estende de geração em geração
> sobre os que o temem.
>
> Manifestou a força de seu braço,
> dispersou os homens de coração soberbo.
>
> Derrubou os poderosos de seus tronos e elevou os humildes.
>
> Deixou os famintos satisfeitos,
> despediu os ricos de mãos vazias.
>
> Socorreu Israel, seu servo,
> lembrando-se da sua misericórdia
> — conforme tinha prometido aos nossos pais —
> para com Abraão e sua
> descendência, para sempre!".

Maria ficou cerca de três meses com Isabel. Depois voltou para a sua casa.

Em seguida, traga esses *insights* imaginativos com você ao se aproximar da descrição dada por He Qi a esse importante evento bíblico.

O artista baseia sua pintura no texto "Quando Isabel ouviu a saudação de Maria, o menino saltou no seio dela e ficou cheia do Espírito Santo." (Lc 1,41). Sua pintura é chamada *A Visitação*. Ao olhar para *A Visitação*[1], você ficará imediatamente impressionado com as linhas ousadas e as cores brilhantes do artista. He Qi combina técnicas de pintura da arte popular chinesa tradicional e da arte clássica ocidental para produzir pinturas que são quase icônicas em sua representação. Sua simplicidade e poder alcançam pessoas de todas as culturas e nacionalidades. Permita que esta pintura transmita novos significados para você. O que você vê? O que ouve ou sente quando a olha pela primeira vez? Como essa pintura muda sua representação mental dessa história?

O relato em Lucas nos diz que, depois que o anjo Gabriel apareceu a Maria, ela imediatamente se dirigiu à casa de sua prima Isabel para lhe contar o que aconteceu. Ao ouvir a saudação de Maria, a criança miraculosa no ventre de Isabel saltou, e Isabel experimentou um preenchimento do Espírito Santo. Ela então proclamou a bem-aventurança da fé de Maria nas promessas de Deus, confirmando sua prima como portadora do Messias prometido, cujo reinado não terá fim. A resposta de Maria foi uma explosão de alegria com as palavras que passamos a chamar de *Magnificat* — uma música que glorifica e louva a Deus por tê-la escolhido para ser a abençoada mãe de Jesus. Lucas então nos conta que Maria ficou com Isabel por cerca de três meses antes de voltar para sua casa.

A PINTURA — OLHANDO

Na pintura de He Qi, a cena se passa do lado de fora, numa rua de pedras arredondadas de uma aldeia chinesa. Duas mulheres se encon-

---

[1] He Qi, *A Visitação*. Cf. <https://sacraparental.files.wordpress.com/2014/12/week2_40-the-visitation.jpg?resize=590%2C590>. Acesso em: 26 abr. 2022.

He Qi

Um dos artistas contemporâneos mais requisitados da China, He Qi (pronuncia-se "*he tchi*") é professor de arte no Seminário Teológico União de Nanjing. Quando criança, ele aprendeu a pintar com um amigo de seu pai, que havia sido diretor do departamento de arte da Universidade de Nanjing. Mais tarde, ainda adolescente durante a Revolução Cultural, He Qi foi enviado com a família para um campo de trabalhos forçados depois que a universidade de seu pai foi fechada. Ali, He Qi começou a pintar retratos de Mao e acabou sendo dispensado de seu trabalho no campo ao vencer um concurso de pintura. Posteriormente, tendo sido apresentado aos grandes artistas da Renascença por seu professor formado em Paris, ele começou a aprender com os mestres da arte ocidental e da Idade Média. Segundo suas palavras, ele pintava Mao durante o dia e a *Madonna* de Rafael à noite. Mas foi esta pintura de Rafael que o colocou no caminho cristão. Imerso em clima de agitação política e lutas sociais, ele se sentiu profundamente comovido com a paz que viu nos olhos da Madonna. É essa paz proclamada na mensagem dos Evangelhos que prevalece em toda a arte de He Qi.

Após o término da Revolução Cultural, He Qi foi estudar arte medieval na Alemanha e, mais tarde, morou também nos Estados Unidos. Continuando a produzir e a ensinar arte, já fez exposições em vários países do mundo. Suas obras expressam o brilho, a cor e a vitalidade da fé cristã. Enquanto a arte Zen chinesa é expressa em preto com pouca ou nenhuma cor, He Qi busca comunicar com sua arte a criatividade vivificante de Deus. Suas pinturas em cores vivas no papel combinam as técnicas tradicionais da pintura chinesa com as da arte ocidental.

tram em contato próximo uma com a outra em silêncio e gentileza. Elas se dão as mãos num momento de intimidade e profunda e silenciosa paz e aceitação. Talvez este momento na pintura venha depois de Isabel ter exclamado: "Bendita és tu entre as mulheres e bendito é o fruto do teu seio!"

No lado esquerdo da pintura, Maria, a mais jovem, está com a cabeça baixa e coberta por um véu. Seus olhos estão fechados, uma indicação de que ela começou a refletir sobre essas coisas em seu coração (Lc 2,19). A postura dela é de humildade e receptividade. No momento da visita do anjo, ela pode ter questionado esse extraordinário ato de Deus em sua vida. Ao final do anúncio do anjo, ela expressou a aceitação de seu chamado com as palavras: "Seja-me feito segundo a tua palavra". Seu braço direito dobrado, protegendo a barriga, indica o precioso presente que ela carrega dentro de si. Enquanto está ao lado de Isabel, nós a vemos completa, humilde e pacificamente entregue à vontade de Deus.

Isabel se encontra no lado direito da pintura. Seu corpo mostra uma mulher mais madura do que Maria, e também com uma gravidez mais adiantada. Seus olhos estão bem abertos. Isso poderia ser sinal de sua visão transformada, suas percepções espirituais ou seu reconhecimento do movimento do Espírito de Deus? Ela segura a mão de Maria em apoio e incentivo. Na outra mão, carrega um jarro de água.

As duas figuras estão completamente sozinhas nesse encontro. Não há testemunhas de sua conversa, mas sentimos que este é um momento sagrado. Elas se encontram num espaço sagrado iluminado pelo brilho puro das paredes brancas atrás.

COMPANHEIROS NO CAMINHO

O artista colocou as mulheres no meio de uma rua vazia. Isso serve como um lembrete visual de que, como viajantes no caminho, todos precisamos da hospitalidade da alma que ofereça segurança, espaço generoso e silêncio para compartilhar nossa jornada. Isabel parece ter saído para realizar alguma tarefa, talvez buscar água no poço. Mas ela se detém, para ouvir Maria, com jarro vazio na mão. Para ela, o resto do mundo está parado e todo o seu foco se concentra em Maria. Seus olhos estão fixos em Maria, seu corpo voltado para ela, e sua atenção não se deixa abalar por nenhuma outra coisa ao redor.

Observe que as duas mulheres se encontram na rua. Maria correu até Isabel para anunciar suas novidades. Nesta pintura, elas se encontram não na casa de Isabel, mas a caminho de sua casa. A emoção inicial do encontro foi substituída pelo silêncio e pela atenção. Maria é acolhida onde está, com uma resposta imediata e calorosa. Totalmente ciente da necessidade urgente de Maria de compartilhar sua história, Isabel a escuta sem hesitação.

Isabel não reluta em tocar Maria e ser tocada por ela. Segura a mão de Maria num gesto de aceitação e apoio encorajador. Mesmo que ela mesma tenha sido prodigiosamente favorecida por Deus com um filho em sua idade madura, ela está extremamente alerta e responsiva à própria história de Maria. Deixou de lado suas preocupações, sua própria história, a fim de dar atenção total a Maria. Ao fazer isso, ela abre um espaço onde ambas podem ouvir a direção do Espírito.

Ao abrir seu coração e seu lar para Maria, Isabel ofereceu-lhe espaço e segurança — hospitalidade de alma onde Maria pode relatar sua jornada sem reservas ou medo. Trata-se de uma relação de confiança e abertura. Tendo ouvido a história de Maria sobre a visitação milagrosa do anjo Gabriel, o filho de Isabel saltou dentro dela, e ela foi preenchida pelo Espírito. Para Isabel, isso foi uma afirmação da obra do Espírito de Deus não apenas em sua vida, mas, o que é mais importante, na de Maria. Juntas, ambas as mulheres devem ter sentido essa presença de Deus, muito real e próxima.

Se continuamos a olhar para a pintura, sentimos uma atmosfera de quietude e silêncio no encontro de Maria e Isabel. Para realmente ouvir Maria, Isabel é retratada com uma mão ao lado do corpo, a boca fechada e os olhos bem abertos. Ela não diz nada, ouve sem distração e percebe muitas coisas. Ela parece estar ouvindo com todo o seu ser enquanto inclina a cabeça na direção de Maria, com o corpo totalmente voltado para ela.

Isabel deixou de lado suas preocupações, seus interesses, esvaziando-se de si mesma. Vemos isso simbolicamente retratado no jarro vazio que ela segura com a mão esquerda. Neste momento, ela se esqueceu da incumbência de ir ao poço da aldeia, a fim de dedicar toda a atenção a outra pessoa. O recipiente vazio destaca a abertura de Isabel, bem como a confidencialidade deste evento incrível que foi compartilhado com ela. Em certo sentido, Isabel é um recipiente para a história de Maria, recebendo-a e segurando-a com reverência, como um presente sagrado. Lembre-se de que este é um espaço sagrado onde Deus está presente.

É possível levar o simbolismo ainda mais longe e dizer que o recipiente de água representa a presença do Espírito Santo nesse relacionamento. O Espírito, muitas vezes associado metaforicamente à água ou à chuva na Bíblia, pode ser visto como presente neste encontro.

Deus encontrou ambas as mulheres, abençoou e miraculosamente ofereceu uma dádiva a cada uma, e agora elas esperam juntas em silêncio para receber a direção do Espírito.

Com os olhos abertos para o mistério do Espírito, Isabel recebe uma visão espiritual da experiência de Deus de Maria. Aqui na pintura, ela parece olhar além de Maria para algum lugar mais profundo e mais distante — para realidades espirituais invisíveis. Sua expressão verbal, bem como o salto da criança dentro dela, confirmam que o que ela ouviu provém de fato de Deus, e que esse evento na vida de Maria é um cumprimento da palavra divina.

Após relatar sua história, Maria permaneceu na casa de Isabel, recebendo apoio contínuo, incentivo, proteção e espaço. Maria não foi deixada sozinha para lidar com quaisquer dúvidas ou medos persistentes. Em vez disso, recebeu alimento espiritual contínuo numa atmosfera de segurança e calorosa hospitalidade pelos três meses seguintes. Numa relação de confiança e com a orientação do Espírito, as duas mulheres devem ter discernido juntas quando era o momento certo de Maria voltar para casa.

Observe que as duas mulheres nesta representação têm quase a mesma altura. Parece que elas compartilham pontos em comum. Ambas parecem abertas e vulneráveis, aparentemente esperando por algo, em humilde obediência ao ouvir e prestar atenção ao movimento do Espírito. Isabel não se apresenta como uma autoridade, mas sim como uma mulher que humildemente se une a outra, participando da jornada de Maria.

VIAJANDO JUNTOS — RESPONDENDO

Todos nós viajamos na mesma jornada em direção a Deus, e por isso somos chamados, de uma forma ou de outra, a participar da história uns dos outros. Como Maria, também somos convidados a encarnar Deus em nossas vidas, vivendo a vida de Deus no meio de cada experiência de vida. Quando acompanhamos os outros, oferecendo-lhes hospitalidade de alma e espaço para relatar sua experiência de Deus, nos tornamos mais conscientes do sagrado nos outros. Tornamo-nos mais dispostos e disponíveis para acompanhá-los no discernimento dessa presença, celebrando a gloriosa obra de Deus enquanto observamos com admiração e gratidão a transformação — o novo nascimento — que Deus está continuamente realizando para nos transformar.

O convite do profeta Isaías é feito a nós, para que estejamos atentos a essa nova vida que está nascendo em nós.

Eis que eu vou fazer coisa nova
que já desabrocha: não o reconhecereis? (Is 43,19)

Este é um convite a estar mais atento, mais aberto ao movimento do Espírito de Deus dentro de você e nos outros. À medida que você continua em sua jornada espiritual, esteja atento a como a vida do Espírito o está transformando e àqueles que compartilham este caminho com você. Reconheça o que é santo nos outros e em você mesmo e, como Maria e Isabel, louve a Deus pelo trabalho contínuo e transformador do Espírito.

PARA REFLEXÃO E DISCUSSÃO

- Volte ao texto e reflita novamente sobre a pintura de He Qi. Quem o acompanhou em sua jornada para ajudá-lo a tomar consciência da nova vida de Cristo que está nascendo em você? Quem são as pessoas em sua vida que estiveram presentes para participar em sua celebração desta vida? Quem são as figuras de sabedoria em sua vida que trouxeram uma nova visão e discernimento em suas experiências de Deus?

- Considere as maneiras pelas quais você pode ter sido uma pessoa assim para outra. Como forneceu hospitalidade espiritual para outra pessoa? Você está suficientemente atento aos movimentos do Espírito nos outros? Onde você ofereceu quietude e silêncio sagrados, espaço santo, para que as pessoas relatassem suas histórias?

- Seja um participante desse encontro milagroso. Como essa pintura abriu seus olhos para novas maneiras de responder a Deus e aos outros?

- Maria pode ser considerada a primeira cristã, porque ela foi a primeira a receber o Senhor vivo em seu ser. Como Maria, também somos chamados a ser portadores de Cristo. Quando recebemos sua vida e escolhemos segui-lo, levamos sua imagem para o mundo. Você está ciente desse fato? Como essa imagem se parece?

12

CARREGAR CRISTO

Rubens
A descida da cruz

O ponto central da espiritualidade cristã é o ato de entregar nossa vontade e toda a nossa vida a Deus. Não o fazemos em resposta ao poder ou por medo, mas em resposta ao amor de Deus. O caráter mesmo de Deus é o amor — um amor extravagante e imprudente, que arrisca tudo para nos atrair à intimidade. Deus deseja um relacionamento próximo conosco e sempre é o iniciador desse amor, tocando-nos mesmo quando somos pouco amáveis. Jesus nos chama a entrar no mesmo relacionamento estreito que ele compartilha com seu pai. É um convite de amizade e parceria com Deus. Mais ainda, quando estamos unidos a ele junto com o Pai e o Espírito em tal profundidade e proximidade, somos atraídos para sua própria vida. Essa nova direção implica uma mudança de nosso estilo de vida auto-orientado para uma vida que é focada em Deus — focada em encontrar o caminho de Deus e segui-lo.

Os discípulos de Jesus estavam totalmente comprometidos com Jesus desde o início de seu chamamento. Eles o seguiram mesmo quando havia riscos para suas vidas. Eles talvez não tenham entendido completamente todas as implicações da vida e morte de Jesus, mas lhe confiaram suas vidas e foram com ele. Seu discipulado foi atribulado, mas seu compromisso permaneceu forte em face de provações e oposições. Com a morte de Jesus, José de Arimateia se atre-

Peter Paul Rubens
(1577-1640)

Considerado o artista flamengo mais popular do século XVII, Peter Paul Rubens nasceu na Alemanha. Seu pai protestante, um advogado, fugiu com a família, de Antuérpia, por causa da perseguição à sua fé calvinista. Após a morte, a família voltou para Antuérpia, onde Rubens se converteu à fé católica. Lá ele recebeu boa educação nos clássicos e em várias línguas. Seguiu seus estudos de arte na Itália por oito anos, onde foi muito influenciado por Michelangelo e pelos artistas venezianos. Ele voltou para Antuérpia após a morte da mãe e foi rebatizado como católico.

Rubens tinha perícia não só em pintura, mas também em gravura, desenho, ilustração de livros, *design* de tapeçaria, escultura e arquitetura. Famoso por seu estilo barroco exuberante, que enfatizava movimento, cor e sensualidade, Rubens teve uma grande oficina com muitos aprendizes.

Em resposta à Reforma, Rubens criou arte eclesiástica com a intenção de falar diretamente aos sentidos e às emoções, e não por meio da razão. Tinha um conhecimento enciclopédico sobre simbolismo religioso e mitologia clássica, que usou com grande eficiência em sua arte bíblica. Suas pinturas religiosas refletem o movimento dinâmico, a monumentalidade e o naturalismo exagerado da arte barroca. *A descida da cruz* foi pintada em 1612-1614.

veu a ir a Pilatos e lhe pedir permissão para retirar seu corpo da cruz a fim de enterrá-lo. Ele não teve medo de enfrentar os perigos que isso representaria.

DESCIDA DA CRUZ — OUVINDO

Encontramos essa história em João 19,38-42. Faça uma leitura lenta. Você também pode ler os relatos dos outros Evangelhos (Mt 27,57-61; Mc 15,42-47; Lc 23,50-56). Se o fizer, observe os detalhes individuais que cada evangelista inclui em seu relato desse momento comovente. Permita-se estar presente com José e os outros discípulos que se reuniram para remover o corpo de Jesus. Qual é a sua experiência de estar lá? Imagine falar com os participantes e observe suas respostas.

Depois disto, José de Arimateia, que era discípulo de Jesus, mas às escondidas, por medo dos judeus, pediu a Pilatos autorização para retirar o corpo de Jesus. Pilatos permitiu, e José veio retirar o corpo.

Veio também Nicodemos, aquele que outrora tinha ido ter com Jesus durante a noite. Ele trazia uma mistura de mirra e aloés, cerca de cem libras.

Eles tomaram, pois, o corpo de Jesus e o envolveram em faixas, com aromas, segundo a maneira de sepultar dos judeus.

No lugar onde Jesus fora crucificado, havia um jardim, e neste jardim, um túmulo novo, onde ninguém ainda havia sido posto.

Por causa da preparação dos judeus e por estar próximo esse túmulo, foi lá que eles depositaram Jesus.

Agora vejamos a pintura de Rubens sobre este tema, *Descida da cruz*[1]. Todos os quatro Evangelhos nos dizem que José de Arimateia desceu o corpo de Jesus, embrulhou-o em pano de linho e colocou-o numa tumba. Para sua meditação artística, Rubens escolhe este momento dramático da descida do corpo de Jesus nos braços de espera de seus seguidores devotados. Sua pintura retrata a interação de pessoas que já estavam entregues ao amor de Deus. Vamos ver como é essa rendição. Dê uma olhada cuidadosa na pintura. Esteja aberto a quaisquer dádivas que Deus tenha para você por meio dessa experiência.

Qual é a sua resposta inicial a esta pintura? Qual é a primeira coisa que você vê? Como esse trabalho corrobora sua leitura da história bíblica? Vejamos juntos como Rubens expressa sua própria meditação sobre a tela. Mas, primeiramente, é importante que consi-

---

1 Peter Paul Rubens, *A descida da cruz* (1612-1614). Cf. <https://www.freeart.com/gallery/r/rubens/rubens112.jpg>. Acesso em: 26 abr. 2022.

deremos um pouco o contexto histórico e a intenção do artista por trás desta pintura.

A LENDA DE SÃO CRISTÓVÃO. Pintado para encorajar e inspirar os fiéis, *A descida da cruz* é o painel central de um tríptico que Rubens pintou para a Catedral de Nossa Senhora em Antuérpia, na Bélgica. O painel esquerdo do retábulo retrata a visita de Maria a Isabel, e o da direita, a apresentação do menino Jesus no templo. Foi encomendado por um grupo cujo santo padroeiro era São Cristóvão, o padroeiro dos viajantes. Em termos sucintos, a lenda diz que São Cristóvão estava em busca do governante mais poderoso do mundo ao qual pudesse servir. Depois de muitas aventuras sem sucesso, ele deparou com uma criança, que lhe pediu que a carregasse para atravessar um rio. Quando pegou a criança nos ombros, descobriu que era insuportavelmente pesada. Mais tarde, descobriu que a criança não era outra senão Cristo, que era tão pesado porque carregava os pecados do mundo inteiro. A partir de então, tendo encontrado o mais poderoso soberano do mundo, o santo entregou sua vida a Cristo e o serviu até o martírio.

Independentemente da historicidade dessa lenda, ela contém a chave para o significado do retábulo de Rubens. O nome de São Cristóvão significa literalmente "o que carrega Cristo". Todos os homens e mulheres nos painéis, especialmente o painel central, são portadores de Cristo. Vamos analisar juntos suas implicações para nós.

A PINTURA — OLHANDO

A pintura de Rubens mostra o momento em que Jesus é descido da cruz por seus amigos enlutados. Colocado no centro da cena, ele é o ponto focal da pintura. Nossos olhos são imediatamente atraídos para a extensa linha diagonal formada pela mortalha branca e brilhante sobre a qual repousa o corpo inerte e sem vida de Jesus. Este pano de linho será usado para embrulhar o corpo nu de Jesus (lembre-se de que os soldados sortearam sua roupa). Esta linha forte acentua o abandono completo de Jesus na morte. Ela representa a descida original da luz do céu a um mundo escuro, que precisa de redenção.

Observe como o sangue goteja de sua cabeça, mãos e lado, manchando o pano branco e escorrendo para os que estão abaixo. Ele descreve a total obediência de Cristo a seu Pai, a ponto de se oferecer como sacrifício numa cruz. O rosto de Cristo reflete uma vida que foi abnegadamente entregue, derramada em prol de todo o mundo. Sua cabeça pende para um lado, e seu corpo está pendurado sem vida e vulneravelmente exposto. A pele de seu corpo — braços, pernas e lábios — exibe a palidez amarelo-esverdeada da morte. A intenção de Rubens era evocar uma resposta emocional do espectador — este Cristo está realmente morto. E sua morte foi para todos. Qual é a sua resposta inicial? Você se sente comovido, revoltado ou atraído para dentro história? Uma resposta imediata a essa pintura em retiros e seminários que conduzi são silêncio, espanto, estupefação. Hoje falamos sobre a morte de Jesus na cruz sem realmente pensar sobre sua realidade totalmente brutal. Esta pintura a torna tangivelmente realista e me leva também ao silêncio e às lágrimas. Ela me faz perceber o enorme e impressionante sacrifício que Jesus fez pela humanidade em sua morte na cruz.

No plano de fundo, as ondas de nuvens escuras ainda persistem desde as horas sombrias da crucificação. São um lembrete dos eventos dramáticos que acompanharam essa morte — terremotos e escuridão, e um rasgo do véu no templo. Outra referência à morte horrível pode ser vista quando olhamos atentamente para o canto inferior direito da pintura. Ao pé da escada estão o papel com a inscrição "INRI" — Jesus Cristo, Rei dos Judeus — e uma pedra que pode se referir a Jesus como a pedra da nossa salvação. Talvez possamos pensar na pedra como o instrumento usado para pregar a inscrição na cruz. Ao lado destes, encontra-se uma travessa que contém a coroa de espinhos e um pouco do sangue que pingou dos espinhos. O prato lembra a patena na qual o pão da comunhão foi colocado antes de ser dado aos crentes. Desta forma, o artista o conecta à celebração eucarística do pão e do vinho. A salvação foi garantida por causa desta oferta de sacrifício, que traria luz e liberdade para aqueles que creem. Uma dica disso está simbolicamente incluída na interpretação do artista. Olhe para o céu do lado esquerdo da pintura, atrás da figura de Maria, a mãe de Jesus. Está começando a clarear, conforme as nuvens cerradas lentamente se dissipam. Talvez isso seja também uma referência à ressurreição que virá e da qual este grupo será testemunha.

UM OLHAR MAIS ATENTO

Mas quem são os participantes da pintura de Rubens? Aglomerados em volta de Jesus como cachos de uvas na videira, os amigos próximos de Jesus cooperam cuidadosamente para descer seu corpo da cruz. A seiva que emana desta videira é o amor, que os une neste momento de entrega. É a esse amor que eles se entregaram, e isso significa vida para os que amam Jesus. Talvez eles tenham se lembrado das palavras de Jesus de que ele é a videira e eles são os ramos, tirando dele o seu próprio sustento. Todos mostram seu amor e devoção a Jesus em olhos e gestos que tocam nosso coração e nos impelem a responder.

Podemos olhar para esses discípulos e tentar identificá-los. Começando pelo canto esquerdo, vemos as três Marias, que estariam presentes segundo os outros relatos — Maria, a mãe de Jesus; Maria de Mágdala; e Maria, a mãe de José. Suas roupas e posturas nos ajudam a identificar quem são. Maria, a mãe de Jesus, cujo vestido azul é seu traço tradicional na arte, estende o braço dolorosamente em direção ao filho. Seu rosto de luto é iluminado pela brancura do pano e reflete sua tristeza de coração partido. Sua pele combina com a palidez acinzentada de Jesus, e nos lembramos da profecia de Simeão na apresentação no templo de que uma espada transpassaria seu coração. Ela parece tão vulnerável quanto seu filho nesta representação, e mal conseguimos imaginar seu profundo sentimento de perda.

As outras duas mulheres se ajoelham aos pés de Jesus. Uma sustém no ombro o pé de Jesus. Esta é uma pista importante para descobrirmos sua identidade. Foi Maria de Mágdala quem lavou os pés de Jesus com suas lágrimas e os secou com os cabelos. Aqui vemos seu cabelo solto sobre os ombros enquanto ela acaricia e segura ternamente o pé dele com as mãos. A outra Maria ergue os olhos para Jesus com uma expressão quase incrédula enquanto segura a ponta do lençol. Com Mágdala, ela declara, com seus traços expectantes, sua fé e esperança de que a promessa de Jesus voltar à vida seria realizada. As mulheres não podem oferecer ajuda aos homens para libertar o corpo de Jesus, mas sua contribuição é bastante valiosa e importante. Elas aguardam o final de sua descida, quando poderão ungir o corpo para o enterro com os aromas que trouxeram. Sua presença enfatiza o *pathos* da cena.

Agora mova seus olhos para a figura acima da mãe de Jesus. Numa escada ao lado de Maria, está uma pessoa que ocupa um lugar de destaque na história. É José de Arimateia. Sabemos disso porque ele é o mais suntuosamente vestido entre os homens. Ele é descrito no Evangelho de Mateus como um homem rico. Ele pôde pagar por um novo túmulo, que havia comprado para seu próprio enterro. É nele que Jesus será enterrado. A luz que irradia do pano que ele segura reflete em seu rosto. Ele não olha para Jesus, mas parece estar olhando para uma figura em preto ou azul escuro do outro lado. O que é que conecta essas duas pessoas, e quem é esse seguidor sombrio?

No Evangelho de João, lemos que Nicodemos também veio com José para descer o corpo de Jesus. Recordemos como Nicodemos se tornou um discípulo de Jesus. Ele era um fariseu que foi até Jesus durante a noite porque tinha medo de ser descoberto (Jo 3,1 s.). Rubens o pinta com roupas escuras, apropriadas para encontros clandestinos. Seu corpo se contorce quase dolorosamente enquanto ele, sem muita destreza, faz sua parte. Ele também parece estar olhando para José, pois juntos eles compartilham um discipulado secreto por medo dos judeus. Seus olhos os conectam um ao outro e nos indicam suas identidades.

A pessoa abaixo de Nicodemos é uma presença que sobressai, vestida de vermelho. Ele parece suportar todo o peso do corpo enquanto o desce. Ele é João, que foi descrito como o discípulo amado e é artisticamente identificável por suas roupas vermelhas. Aqui ele se inclina para trás sob seu fardo, apoiando desajeitadamente o pé direito no degrau da escada em que Nicodemos está empoleirado. Siga com os olhos a linha de sangue que flui da mão esquerda de Jesus, desce pelo lençol e vai em direção ao lado ferido e à tanga. Continue a observar essa trajetória descendente e perceba que essa linha de sangue parece formar uma grande piscina na roupa vermelha do homem. Se olhar ainda mais para baixo, você verá que o sangue terminou sua descida no prato que contém a coroa de espinhos. A vida de Jesus está sendo derramada em João — quase como se ele estivesse recebendo uma transfusão. O sangue derramado de Jesus dá nova vida e significado para aqueles que se entregam ao seu amor. Isso cria um novo nível de intimidade entre os humanos e Deus.

João segura as pernas e o lado de Jesus, mas ele também parece estar focado em outro lugar. Veja onde seus olhos estão focados. Ele olha para Maria, a mãe de Jesus. Aqui nos lembramos das palavras de Jesus na cruz a João e à sua mãe: "Mulher, eis aí teu filho... Eis aí tua mãe" (Jo 19,26 s.). João é retratado aqui como alguém que já demonstra cuidado e preocupação por Maria em sua tristeza. De fato, logo após a crucificação, João a levou para sua casa para cuidar dela como se fosse sua própria mãe.

No topo da pintura, dois homens de aparência rude se penduram precariamente nas vigas mestras. Um está vestido com simplicidade e segura o pano na boca, enquanto toma um cuidado especial para evitar que o corpo caia. A parte superior do corpo do outro está nua, e podemos ver seus músculos fortes ondulando de tensão enquanto sua mão direita gentilmente libera Jesus para os que estão abaixo dele. Ele está pendurado na trave da cruz com a perna tão perigosamente estendida atrás de si que somos tentados a gritar para que tenha cuidado. Não sabemos ao certo quem são esses dois, mas podemos presumir com certa segurança que são dois dos ex-pescadores que seguiram Jesus. Poderia ser Pedro o homem da direita? Frequentemente o associamos a um comportamento impetuoso, e aqui ele segura o pano com os dentes — usando qualquer ajuda que puder, para ser gentil com seu amado Senhor.

UM SÓ CORPO — RESPONDENDO

Todos os presentes nesta cena emocionante tratam Jesus com ternura e gentileza. Observe que cada um está tocando fisicamente Jesus ou apenas removendo a mão enquanto o peso do corpo é transferido de uma pessoa para outra. Cada um está estreitamente ligado a ele física e emocionalmente. Cada um oferece, à sua maneira, cuidado e dignidade a quem sofreu a mais ignóbil das mortes. Eles estão unidos na dor e na atenção. Estão focados em sua tarefa, mas a descrição dada por Rubens a seus olhares indica um cuidado um pelo outro também. A comunidade de fiéis forma um único corpo ao redor do corpo de Cristo. É este tema central da crucificação de Cristo para todas as pessoas que estabelece o fundamento para sua igreja. Cada participante tornou-se um portador de Cristo, imitando-o em serviço e amor abnegados. Cada um dos presentes nesta cena corre o risco de ser exposto e perseguido.

Nessa vívida representação visual, vemos que este é, de fato, "O meu corpo, que é dado por vós", aquele que recebemos na comunhão

(1Cor 11,24). Considere por um momento onde esta pintura deveria ser colocada — acima do altar da catedral. Abaixo deste retábulo, a eucaristia ou comunhão era administrada. Se continuássemos a linha de descida e permitíssemos que o corpo repousasse em seu lugar de descanso final, poderíamos nos surpreender ao descobrir que o corpo de Jesus acabaria na mesa da comunhão. Quão mais realista esse sacrifício poderia ter sido para os fiéis na época de Rubens?

Os cristãos que avançavam para receber este alimento não deixariam de sentir seu poderoso impacto e significado. Este mesmo corpo retratado ainda está sendo recebido pelos seguidores de Jesus na forma sacramental do pão fracionado. As figuras da pintura recebem o corpo real como algo precioso e sagrado. O mesmo acontece com os fiéis que recebem esse sagrado sacramento. O mistério desta profunda reconstituição faz de seus participantes pessoas que carregam Cristo junto com os que estiveram presentes por Jesus em sua deposição. Todos eles recebem vida eterna e são levados à comunhão com o Pai por meio dessa morte.

PARA REFLEXÃO E DISCUSSÃO

- Releia a história desse evento em João e depois retorne à pintura. O que mudou para você ao rever a cena? Que novas observações você faz?

- Entre na pintura e observe onde você ficaria de pé ou se ajoelharia. Qual é a sensação de participar com os discípulos de Jesus? Qual é a sua contribuição ao cooperar com eles? Com quem você se sente conectado e o que o atrai a essa pessoa?

- Não podemos realmente tocar no corpo de Jesus como essas pessoas fizeram, mas quando tomamos o pão e o vinho da eucaristia em nossas mãos, estamos entrando neste mesmo ato através do mistério do sacramento. Que efeito esta meditação tem sobre você quando recebe este sacramento? Você está ciente de ser um portador de Cristo? Até que ponto o sangue de Jesus o preenche e o transforma?

- Ao nos rendermos ao amor de Deus, nossa vida não será mais comum. Assumimos a mente, o coração e a vida de Deus e nos tornamos Cristo para o mundo. Como sua vida está sendo transformada na vida extraordinária de Cristo quando você consome o pão e o vinho desse ato sagrado?

13

VER E SERVIR

Luca Giordano
O bom samaritano

A vida de Jesus foi uma vida de amor, o que significa que Jesus passou a vida na terra estendendo a mão para todos, especialmente aos que eram considerados párias e indesejáveis. Lembre-se de quantas vezes ele foi criticado por se associar a pecadores, tocar leprosos e cadáveres e menosprezar as convenções estabelecidas de sua época ao conferir dignidade e valor às mulheres. Ele viu valor e mérito em cada pessoa que se aproximava dele. Ninguém era excluído de seu olhar amoroso e de seu abraço acolhedor.

Jesus constantemente exortava seus seguidores a mudar a maneira de ver os outros. Reunindo uma comunidade de indivíduos díspares, ele forneceu um padrão para que se amassem e vivessem em unidade e humildade. Eles eram encorajados a ser tão inclusivos quanto ele na maneira como se relacionavam com as pessoas de fora de seu círculo. O amor e o cuidado que demonstraram por ele em sua morte e sepultamento deveriam ser estendidos ao mundo — mesmo àqueles que não eram considerados merecedores ou aceitáveis. Essa companhia de seguidores de Cristo foi chamada a ver com seus olhos de amor e a responder com seu coração compassivo.

Séculos depois, ainda somos convidados a mudar nossa perspectiva — a ir além de nós mesmos para, com compaixão e amor, estender a mão aos que são inteiramente diferentes de nós. É necessário não apenas uma visão renovada, mas uma vida transformada para seguir o caminho de renúncia e sacrifício de Cristo. Jesus usava parábolas para ilustrar seus ensinamentos e encorajar os ouvintes a um autoexame mais atento, levando-os a mudar os pressupostos e sistemas de crenças centrais. As parábolas nos conduzem à consciência, ensinando-nos como ser transformados de dentro para fora. Em vez de confirmar nossos modos mesquinhos de ser, elas extirpam nossas ideias estabelecidas de como as coisas deveriam ser, levando-nos além de nós mesmos. A conhecida história do bom samaritano vem imediatamente à mente quando consideramos esse modo radical de vida.

A PARÁBOLA — OUVINDO

Busque um lugar confortável e tranquilo e consulte a história em Lucas 10,30-37. Leia a passagem devagar e contemplativamente como se fosse a primeira vez, permitindo que ela absorva toda a sua atenção. Acompanhe os homens em sua jornada enquanto lê e observe os detalhes que possam vir à tona. Como foi sua experiência? Como você ficou mais ciente do que estava acontecendo na história?

> Jesus continuou: "Um homem descia de Jerusalém a Jericó e caiu nas mãos de assaltantes que, depois de o roubarem e de o espancarem, lá se foram deixando-o semimorto.
>
> Por acaso, um sacerdote descia pelo mesmo caminho. Ele o viu e seguiu adiante por outro lado.
>
> Um levita passou também pelo mesmo lugar, viu o homem e seguiu adiante por outro lado.
>
> Mas um samaritano, que estava viajando, quando o viu, ficou com muita pena.
>
> Aproximou-se dele, enfaixou as feridas derramando azeite e vinho. Depois, colocou-o na sua própria montaria, levou-o a um albergue onde continuou a cuidar dele.
>
> No dia seguinte, desembolsou duas moedas de prata e deu ao hospedeiro dizendo: 'Toma cuidado dele e, o que gastares a mais, eu pagarei na volta'.
>
> Qual dos três parece ter sido o próximo daquele que caiu nas mãos dos assaltantes?".

Ele respondeu: "O que teve misericórdia dele". E Jesus lhe disse: "Vai e faze o mesmo".

Antes de olhar para a pintura de Giordano, vamos considerar o contexto desta parábola. Nos versículos anteriores, lemos que um jovem legista foi ao encontro de Jesus para colocá-lo à prova, perguntando como ele poderia herdar a vida eterna. A resposta de Jesus foi resumir toda a lei da seguinte maneira: "Amarás o Senhor com todo o teu coração, com toda a tua alma, com todas as tuas forças, com toda a tua inteligência; e a teu próximo como a ti mesmo". A outra pergunta do legista sobre quem era seu próximo levou Jesus a responder com uma parábola chocante.

Um judeu a caminho de Jerusalém para Jericó foi atacado e roubado por ladrões. Era uma estrada já conhecida por esse tipo de ataque perigoso. Ele foi espancado violentamente, despojado de tudo o que possuía e depois deixado quase morto na estrada. Dois homens religiosos, um sacerdote e outro levita, passaram por ele e cruzaram para o outro lado, talvez para evitar impureza cultual, deixando de lhe oferecer qualquer ajuda. Um terceiro homem, um samaritano, viu o infeliz viajante, sentiu compaixão por ele e veio em seu auxílio. Jesus conhecia bem a opinião comum dos samaritanos em seus dias. Eles eram considerados no mesmo nível dos gentios e tratados como tais — amargamente desprezados, social e religiosamente rejeitados e tratados com animosidade e hostilidade.

Quando lemos esta história hoje, podemos facilmente perder o choque que ela teria provocado em sua época. Era ultrajante e escandaloso que um samaritano fosse o protagonista e oferecesse misericórdia e ajuda a um judeu. Mesmo assim, Jesus o usa para fundamentar um ponto de vista. Seus ouvintes teriam ficado surpresos com este exemplo de quem deveria ser seu próximo. Supunha-se que o sacerdote e o levita, membros justos e íntegros da sociedade, deveriam ser considerados exemplos a seguir. Mas foram eles que, na parábola, passaram ao largo e fizeram um esforço consciente de se afastar do homem ferido. Jesus estava encorajando uma perspectiva radicalmente diferente ao fazer com que um samaritano estendesse compaixão e socorro a um judeu — algo totalmente contrário às expectativas. Ele estilhaçou as definições tradicionais de quem era um proscrito e quem era probo.

A PINTURA — OLHANDO

Dê uma longa olhada na pintura de Giordano, *O bom samaritano*[1]. Uma figura se abaixa para derramar azeite e vinho nas feridas de um homem moribundo. Eles ocupam uma paisagem rochosa que é escura e ameaçadora. À distância, a luz brilha na cidade para a qual os dois homens se dirigiam. Como isso difere da imagem que você pode ter criado na imaginação? O que o atrai nessa representação? Que emoções ou associações surgiram para você?

Vejamos primeiramente o samaritano que oferece ajuda ao pobre viajante. Ele mesmo é um viajante nesta estrada escura, perigosa e pedregosa, e faz uma pausa em sua jornada para atender às necessidades do homem. Seu cavalo espera paciente atrás dele, olhando calmamente para os esforços de seu dono. Alheio a tudo ao redor, o olhar do samaritano está totalmente focado em sua tarefa. Seu rosto parece demonstrar raiva pela brutalidade atroz que foi infligida ao homem. Sua testa está franzida de preocupação por esse moribundo.

Ele segura na mão direita um recipiente, que contém o azeite ou vinho mencionado na história. Ele o usa para umedecer o pano em sua mão esquerda e limpar as feridas abertas e sangrentas do homem. Ele faz isso com tanto cuidado e suavidade que sabemos que sua preocupação é genuína, embora seja um completo estranho. Veja a maneira terna com que sua mão pressiona a ferida aberta. Sua postura curvada sugere a humildade e a abnegação que Jesus expressou em sua encarnação. Ao demonstrar compaixão num caminho solitário, o samaritano não se importa em estar absorvendo a poeira e talvez até mesmo sangue do homem. Ele também não parece se importar com a possibilidade de os agressores ainda estarem escondidos por perto, prestes a atacá-lo também. Ele se expõe ao perigo e risco de perder a própria vida.

O cavalo da pintura alude ao que acontecerá após essa atenção inicial. A parábola nos diz que a bondade do samaritano foi ainda mais longe. Ele não apenas lavou e curou as feridas do homem, mas o colocou sobre seu animal e o levou a uma hospedaria para se re-

---

[1] Luca Giordano, *O bom samaritano* (1685). Cf. <https://uploads7.wikiart.org/images/luca-giordano/the-good-samaritan-1650.jpg>. Acesso em: 26 abr. 2022.

Luca Giordano
(1634-1705)

Nascido em Nápoles, Itália, Giordano foi um prolífico artista decorativo. Mergulhado na cultura e religião de sua época, seus temas eram principalmente religiosos e mitológicos. Seu pai era um pintor medíocre que viu oportunidade de ganho financeiro com os talentos de seu filho desde cedo. Ele incentivava Luca a produzir obras o mais rápido possível com as palavras "Luca fa presto", o que deu a Luca o apelido de "Luca faz depressa". Ele obedecia a seu pai por completo e raramente parava de trabalhar para comer. Alimentado por seu pai enquanto pintava, ele produziu um vasto conjunto de obras em virtude de sua velocidade e versatilidade.

Giordano estudou em Roma e viajou bastante, absorvendo muitas influências, especialmente as de Rafael e Michelangelo, cujas pinturas copiou com grande habilidade. Mais tarde, como pintor da corte de Carlos II da Espanha, ele passou dez anos produzindo encomendas de afrescos para igrejas, tetos e palácios antes de retornar a Nápoles, onde viveu até a morte.

O bom samaritano, pintado em 1685, está exposto no Musée de Beaux-Arts, em Rouen, França.

cuperar. Lá, ele cuidou dele durante a noite antes de partir, mas não antes de pagar por sua estadia e se oferecer para reembolsar o estalajadeiro por quaisquer custos adicionais que pudessem surgir em sua ausência. Isso é abnegação absoluta, que lhe custa tempo, dinheiro, roupas, vinho e azeite. A palavra *compaixão* significa literalmente "sofrer com". Ela foi descrita por Mary Jo Meadow como um "estremecimento do coração em resposta ao sofrimento de outra pessoa"[2]. Significa viver nossa fé com plena consciência e em resposta a todos em nosso meio. Temos expressões como "colocar-se no lugar do outro" ou "estar na pele de outra pessoa". Para responder com cuidado genuíno pelo outro, devemos nos permitir estar perto o suficiente de seu sofrimento para senti-lo. Precisamos estar conectados com aqueles que sofrem, mesmo quando são diferentes de nós ou não mere-

---

2 Mary Jo Meadows, *Gentling the Heart* (New York: Crossroad, 1994), p. 83.

cem. Esse é o tipo de compaixão e misericórdia que vemos aqui e que Jesus incentiva. E esse é o tipo de atenção que o samaritano oferece a um "inimigo".

Dê uma olhada mais de perto no viajante ferido. Observe a palidez de sua pele, nitidamente definida e branca contra as rochas escuras e ásperas. Seu corpo nu está em completo abandono, sua cabeça pendendo para trás sem vida. Mesmo que não possamos ver seu rosto, sentimos sua agonia e angústia pela maneira como sua mão está jogada ao lado. Ela pende tão sem vida quanto sua cabeça, com os dedos contorcidos de dor. Ele pode estar se retraindo por causa da limpeza em seu ferimento. Se duvidamos da proximidade da morte, podemos verificar a terrível condição do homem pela postura e pelo corpo exangue e sem cor. O samaritano está vestido de vermelho e dourado, contrastando fortemente com a brancura de seu corpo. O galho quebrado de uma árvore logo acima de sua cabeça serve para enfatizar a violência e a ferocidade do ataque. Será que os ladrões estavam se escondendo na árvore e depois se lançaram sobre o viajante embaixo, quebrando o galho na descida?

Que associações lhe ocorrem quando você olha para este corpo? Lembre-se da pintura anterior, de Rubens. O corpo na pintura de Giordano tem uma notável semelhança com o de Jesus. A tanga é processada de forma semelhante, assim como a palidez da pele. A ferida no peito do homem é onde a ferida está no corpo de Jesus. O trabalho do artista nos leva a considerar as palavras de Jesus em Mateus 25,40: "Eu vos declaro esta verdade: cada vez que fizestes isso a um dos menores desses meus irmãos, a mim o fizestes". É um mistério impressionante que, quando estendemos misericórdia e amor ao nosso próximo, estamos na verdade servindo ao próprio Jesus.

OS OLHOS DE DEUS, O CORAÇÃO DE DEUS — RESPONDENDO

Jesus enfatiza seu ponto nesta parábola — aqueles que são menos merecedores, os que são marginalizados e menos semelhantes a nós, são a quem devemos mostrar compaixão. Em carta aos Filipenses, Paulo nos exorta a nos revestir da mente de Cristo, a ter a mesma atitude dele.

Ele nos lembra do autoesvaziamento de Jesus ao abrir mão de suas prerrogativas celestiais quando desceu em entrega e amor curador. Há um provérbio judaico que diz que a maioria das pessoas não verá a Deus porque não se rebaixará o suficiente. Somos chamados a rebaixar-nos tanto como Jesus, a imitá-lo, para tocar os outros com o seu amor. Este é um amor que vira o mundo de cabeça para baixo. É uma consciência transformada que, por sua vez, transforma nosso mundo, e então começamos a ver nosso próximo como tão precioso e amado por Deus quanto nós. Quando olharmos para os estranhos e os desagradáveis em nosso meio, poderemos ver Deus neles porque os olhos do nosso coração foram transformados.

O coração de Deus é um coração de compaixão. Deus vê nossa dor e sofrimento e entra em nossa experiência para nos trazer liberdade e cura. Suportar os outros será mais fácil se nos lembrarmos que Cristo nos carrega, apoiando todo o peso sobre seus ombros. É útil imaginar Cristo carregando não apenas a mim, mas também aqueles que carrego. Quando nossos olhos e nosso coração estão alinhados com os de Deus, nosso viver é transformado e nos tornamos cada vez mais semelhantes a Cristo. Em resposta à pergunta de como ela podia amar e servir à população mais pobre da Índia, Madre Teresa teria dito que ela era capaz de fazer o humilde trabalho de cuidar dos pobres e destituídos de Calcutá porque via o rosto de Cristo em cada um que buscava ajuda. O amor de Deus foi mostrado a nós, e por isso somos chamados a estender a mão aos outros com o mesmo amor — Deus em nós respondendo a Deus no outro.

Escrevendo no século XIV, Teresa d'Ávila exprimiu como nos tornamos Cristo para os outros quando lhes estendemos a mão com amor. Passe um momento refletindo sobre as verdades que ela nos faz lembrar.

> Cristo não tem corpo agora senão o teu,
> Sem mãos, sem pés na terra senão os teus,
> Teus são os olhos com os quais ele olha
> Com compaixão neste mundo,
> Teus são os pés com os quais ele anda para fazer o bem,
> Tuas são as mãos, com as quais ele abençoa todo o mundo,
> Tuas são as mãos, teus são os pés.

Teus são os olhos, tu és o corpo dele.
Cristo não tem corpo senão o teu,
Sem mãos, sem pés na terra senão os teus,
Teus são os olhos com os quais ele olha
Com compaixão neste mundo.
Cristo não tem corpo agora na terra senão o teu[3].

Aquela pergunta de Jesus ao legista também é dirigida a nós. Quem é seu próximo? Como você mostra misericórdia e amor àqueles que estão fora de sua companhia? Estender a mão para outras pessoas é dispendioso, e podemos estar inclinados a sentir que não temos o suficiente para compartilhar. É bom lembrar o relato de Jesus alimentando as cinco mil pessoas. Quando confrontado com a necessidade de comida das pessoas, Jesus perguntou a seus discípulos quanto pão eles tinham. Ele lhes pediu que fossem olhar. Ele sutilmente lhes lembrou que o pão já estava lá. Eles só precisavam de olhos para ver os recursos disponíveis. Se oferecermos nossos recursos limitados a Deus, procurando compartilhá-los por generosidade e amor, Deus os toma, os abençoa, os multiplica e os usa para nutrir e ajudar outros. No relato do Evangelho, as pessoas não foram apenas alimentadas, mas satisfeitas. Trabalhando de mãos dadas com Deus enquanto vivemos compassivamente no mundo, somos coparceiros no fortalecimento e crescimento do reino de Deus na terra. Olhos abertos resultam em corações e mãos abertos.

PARA REFLEXÃO E DISCUSSÃO

- Volte à parábola com olhos renovados e permita que ela espelhe suas atitudes interiores. Como sua percepção da história mudou depois de olhar para a pintura? O que mudou em seu coração depois da meditação sobre o texto e a pintura? Que convites você recebeu?

---

3 Teresa d'Ávila, citada in: Michael E. Moynahan, *Once upon a Mystery: What Happens Next?* (New Jersey: Paulist Press, 2002), p. 43.

- Coloque-se na pintura e viva como os dois personagens. Reserve um momento para ser o samaritano e depois o homem derrotado. Que papel cada um desempenha em sua vida espiritual?

- Agora viva imaginativamente como o sacerdote e o levita, que não estão incluídos na representação do artista. Qual é a sensação de se afastar de alguém em apuros? Quem é seu próximo no mundo de hoje? Quem você considera probo e ímprobo na sociedade?

- Lembra-se do provérbio judaico? A maioria das pessoas não verá a Deus porque não se curva para baixo o suficiente. Algumas pessoas não conseguem ver o que está à frente; outros simplesmente optam por não fazê-lo. O sacerdote e o levita passaram ao largo, recusando-se até mesmo a olhar para o homem. Como e quando você evitou olhar para alguém necessitado e passou por ele sem oferecer misericórdia? O que o impede de se curvar até o nível dos oprimidos e necessitados?

- Se acreditarmos nas palavras de Jesus de que cuidar dos necessitados é de alguma forma o mesmo que cuidar dele, como você vê as pessoas que são consideradas párias e devem ser evitadas em seu mundo? Como você ama seu próximo como se fosse seu próprio ser?

- Ao nos sacrificarmos pelos outros, perdemos nossa vida apenas para encontrá-la novamente. Jesus nos mostra como fazer isso perfeitamente ao entregar sua vida extravagantemente para nos dar uma vida imensamente mais rica. Ele não se apegava a nada, mas se desgastou até a morte. Como podemos espelhar sua vida enquanto tentamos viver com generosidade destemida e amor abnegado? Como Cristo está crescendo em você? Como você está diminuindo?

*

EPÍLOGO

VISÃO TRANSFORMADORA

Ninguém jamais negaria a importância de poder enxergar com os olhos físicos. Não ter visão ou ser deficiente visual implica uma vida extremamente limitada em todos os aspectos. Ser espiritualmente cego tem o mesmo efeito limitante, estreitando o modo como vemos, vivemos e nos relacionamos no mundo. A visão espiritual é igualmente importante para nós, porque sem ela seríamos limitados em ver a ação de Deus em nossa vida e, portanto, incapazes de responder. Todos nós conhecemos a expressão "felizmente inconscientes" para descrever uma forma de ser em que ficamos quase inconscientes, sem ser incomodados pelas circunstâncias ao nosso redor. Isso pode ser bom por um curto período de tempo, mas passar pela vida num estado de desprendimento irrefletido nos desconecta de Deus, de nós mesmos e do mundo.

Estar verdadeiramente consciente nesta vida é estar verdadeiramente vivo — algo que Deus deseja profundamente para cada um de nós porque isso traz glória para Deus. Estar desperto para a presença de Deus em todos os aspectos da vida significa que vemos Deus em tudo, não apenas nos momentos bons, mas nas lutas dolorosas e desesperadas da vida. Quando vivemos neste estado de consciência desperta, Deus torna-se centralmente importante e um participante pleno em tudo o que pode acontecer em nossa vida. É esse tipo de consciência, de ver Deus em todas as coisas, que gradualmente faz a diferença no âmago de nosso ser — em nosso próprio coração.

VISÃO CONTEMPLATIVA

Quando Jesus nos convida a segui-lo, ele está nos convidando a uma nova perspectiva, que por sua vez transforma gradualmente nossos corações de pedra em corações de carne. Seu amor transforma nossos corações e nos restaura como filhos de Deus. Em vez de corações duros e impenetráveis, Jesus deseja corações derretidos nos quais Deus possa escrever sua carta de amor. Paulo nos lembra que somos uma carta de Cristo e que esta carta está escrita "Vós sois evidentemente uma carta de Cristo confiada ao nosso ministério, escrita não com tinta, mas com o Espírito do Deus vivo, e que não foi gravada em tábuas de pedra, mas em tábuas de carne: vossos corações." (2Cor 3,3). Somos uma carta para todos lerem — uma carta que proclama a glória do Deus vivo, ou uma que promove o reino do eu.

Uma nova visão abrange a maneira como vemos, um coração transformado e uma nova forma de viver ou responder ao mundo. A maneira como vemos a nós mesmos e ao mundo afetará a maneira como respondemos a eles. Quando aprendemos a ver a vida pelos olhos de Deus, começamos a ver que Deus está em cada momento e circunstância de nossa vida. É a partir dessa nova perspectiva que podemos alinhar nosso coração com o coração de Deus e, então, viver de um novo centro. Isso é o que significa assumir os olhos, a mente e o coração de Cristo.

Até aqui viajamos juntos em oração através de passagens e pinturas bíblicas, aprendendo a ver. Ao olhar para as pinturas de Bruegel, talvez tenhamos reconhecido nossa própria cegueira e respondido aos convites para ter nossa visão restaurada. Em resposta a esses convites, percebemos que temos de ser intencionais sobre como vemos e sobre como praticar a consciência. Implica passar momentos deliberados de solidão e quietude com Deus, onde nos abrimos em entrega a tudo o que ele quer fazer em nós. O próprio Jesus nos mostrou em seu retiro no deserto como estar totalmente presente para Deus. Também vimos isso em Maria, que se sentou aos pés de Jesus ouvindo suas palavras, e nos camponeses de Millet, que pararam de trabalhar para estar atentos a Deus no meio deles.

Jesus solicitou a atenção e adoração dos pastores ao nascer. Esse convite ainda está sendo feito para percebermos onde ele está — em nosso meio e iniciando a intimidade conosco, mesmo quando não temos consciência dele. Como os discípulos de Emaús, no barco da Galileia e no cenáculo, também podemos nos surpreender quando descobrimos que Jesus está presente em todas as coisas. No entanto, vivemos mais radicalmente, com visão renovada e mais clara, se estivermos atentos à presença de Jesus onde quer que nos encontremos.

A vida nunca é a mesma quando damos tudo a Jesus. Nossa vida será cheia de alegria por saber que pertencemos ao Pai e que o espírito de Deus habita em nós. Mas o sofrimento e a luta sempre farão parte da nossa humanidade, e Jesus é quem nos mostra como carregar a cruz em nossa vida. Ele caminhou com sua cruz até o Gólgota e nos chama a segui-lo levando nossa própria cruz. Rendendo-nos ao amor de Deus, tornamo-nos portadores do próprio Cristo. Tornamo-nos Cristo para os outros ao participarmos de suas vidas, ajudando-os a ver onde Deus está presente e em atividade. À medida que estendemos a mão para o mundo, não apenas vemos com os olhos de Deus, mas respondemos com seu coração de amor e compaixão. Nossos olhos, coração e vida transformados nos permitem ver os outros como Deus os vê. Então, ficamos livres para estender a mão a todos que precisam de misericórdia, da mesma forma que Cristo fez por nós.

O que fizemos ao longo deste livro é oração. À medida que nos envolvemos nesses exercícios contemplativos, nós oramos. Nossos olhos estão voltados para o nosso Senhor, que nos dá graça, misericórdia e amor. Mantendo nosso olhar focado em Deus, nós nos unimos ao salmista para expressar nossa dependência da graça de Deus:

> A ti, sentado nos céus,
> levanto agora os meus olhos [...]
> [...] buscam a Deus
> até que Deus tenha pena. (Sl 122,1 s.).

Que essas meditações o encorajem em sua jornada de fé para seguir em frente com uma consciência renovada, uma nova visão e um viver transformado em vida que doravante *será* oração.

APÊNDICE 1

Sugestões para líderes de discussão em grupo

Este livro se destina não apenas ao uso individual, mas também a grupos, que podem ler um capítulo e se reunir para discussão e compartilhamento. Veja este momento não apenas como oportunidade para compartilhar ideias, mas como um tempo de oração contemplativa. Embora seja ideal para grupos menores, descobri que a meditação sobre a arte cristã e as Escrituras também são poderosas e transformadoras em reuniões maiores.

PREPARAÇÃO

Na preparação para a reunião do grupo, decida por quanto tempo você deseja manter a reunião. Embora eu tenha passado até uma semana liderando um grupo numa meditação prolongada sobre uma única pintura, uma hora e meia é geralmente adequada para discutir um capítulo, compartilhar presentes e convites recebidos (e maneiras de responder a eles) e passar algum tempo em quietude contemplativa diante de Deus, antes da Palavra e antes da obra de arte relacionada. Lembre-se, porém, de que este é um momento de oração, o qual nunca deve ser apressado.

Minha sugestão é que você incentive os participantes do grupo a ler o prefácio e o primeiro capítulo antes da primeira reunião. Nessa sessão, você deve começar discutindo os conceitos e as respostas que os participantes oferecem às perguntas reflexivas que apresento no primeiro capítulo. Considere usar cerca de metade de sua primeira sessão para isso. Em seguida, ofereça uma *lectio divina* sobre a passagem da Escritura que constitui a base da meditação no capítulo dois e passe o restante da sessão conduzindo os participantes numa meditação sobre a obra de arte apresentada nesse capítulo. (*Lectio divina* vem do latim e significa literalmente leitura divina ou leitura espiritual. É uma maneira de se envolver em oração com as Escrituras para ouvir a palavra pessoal de Deus para você.) Encoraje-os a ler o capítulo dois antes da próxima sessão, quando você começará discutindo as visões dos participantes com base nele; em seguida, conduza-os por uma *lectio* da passagem e uma meditação sobre a arte do capítulo três. Dessa forma, eles chegarão a cada sessão sem ter, de modo geral, lido o capítulo sobre a arte que você discutirá naquela sessão. (Veja a *Tabela 1* para um resumo dessa abordagem.)

TABELA 1. PLANO GERAL DAS SESSÕES

Sessão	Os participantes leram	Compartilhe/ discuta	Conduza a meditação sobre
1	Pref. e Cap. 1	Pref. e Cap. 1	Cap. 2
2	Cap. 2	Cap. 2	Cap. 3
3	Cap. 3	Cap. 3	Cap. 4
4	Cap. 4	Cap. 4	Cap. 5
Etc.			

Com essa organização, a cada semana você apresentará a passagem e a obra de arte sobre a qual os participantes lerão e sobre a qual meditarão durante o tempo entre as reuniões do grupo.

Na preparação para cada sessão, você precisará reservar algum tempo para ler contemplativamente o próximo capítulo e a passagem bíblica relacionada. Em seguida, faça a mesma "leitura" contemplativa da pintura, percebendo as impressões que ela lhe provoca e permitindo que ela acione todos os sentidos. Em seguida, leia lentamente a meditação do capítulo e as perguntas reflexivas no final. Permita que a meditação fale primeiramente a você, antes de tentar ajudar os outros a articular como ela falou a eles.

APÊNDICE 1

Crie um espaço contemplativo e tranquilo que favoreça o silêncio e a quietude contemplativa para seu grupo. Os centros de retiro proporcionam, naturalmente, bastante espaço para reflexão tranquila em capelas, jardins ou nichos isolados. Mas qualquer lugar que conduza à reflexão e à solidão encoraja a oração. Muitos lugares podem ser preparados criativamente para promover a oração contemplativa.

Você pode definir o seu espaço com uma vela acesa (símbolo da presença do Espírito Santo) ou colocando outros sinais materiais para lembrá-lo de estar atento à presença de Deus. Você poderia montar um centro visual simples — como um tecido drapejado, juntamente com frascos de azeite e vinho para a história do bom samaritano. Ou, se você está orando a história da descida de Cristo da cruz, você pode usar um longo lençol branco disposto diagonalmente numa cruz, com um prato embaixo, contendo a coroa de espinhos, pregos, esponja e assim por diante. Use sua imaginação e criatividade, mas mantenha essas dicas o mais simples possível. Esses lembretes materiais devem ser apenas uma ajuda para permanecer focado e atento a Deus.

LIDERANDO O GRUPO

Uma música contemplativa suave conforme as pessoas entram na sala ajuda a estabelecer um espaço sagrado. Também serve para convidar à quietude e ao silêncio pleno de oração. Quando todos estiverem acomodados, acenda a vela e comece oferecendo uma oração de intenção — uma oração que convida Deus a estar presente e prepara o grupo para estar aberto à liderança do Espírito.

Apresente o capítulo a ser discutido e, na primeira reunião, explique como o tempo será usado. Descreva o processo de leitura contemplativa das Escrituras — como uma forma de ouvir Deus, em vez de falar com Deus. Embora haja compartilhamento e conversa, haverá muito tempo para o silêncio e para simplesmente ficar na companhia de Deus. Apresente a forma como você abordará a arte como um processo de oração, com atenção voltada para a presença de Deus, as dádivas e os convites que possam surgir. Dê uma breve explicação sobre a importância do olhar na jornada espiritual. Apresente as muitas maneiras pelas quais a arte tem sido importante para a igreja e para a fé ao longo dos tempos. Você poderá olhar juntamente com os participantes o *Censo em Belém*, de Bruegel, para ajudá-los a se tornar mais despertos e conscientes de como eles não veem o que está bem na frente dos olhos.

Ouvindo juntos. Leia em voz alta a história bíblica algumas vezes, com silêncio suficiente entre elas. Não tenha medo de silêncios — as pessoas estão pensando no que ouviram. Deixe espaço para uma reflexão sobre o texto e, em seguida, peça uma palavra ou frase que chamou a atenção dos participantes. Pergunte por associações, memórias ou sensações que surgiram disso. Reserve um tempo para um breve compartilhamento delas.

Apresente a arte e o artista que você irá considerar, com lembretes de que a arte é a meditação pessoal de um artista sobre o texto bíblico. Algumas coisas podem parecer estranhas à história, mas explorá-las juntos ajuda a abrir novas maneiras de ver e responder a Deus.

Olhando juntos. Se o seu grupo for pequeno o suficiente, você pode fornecer a cada participante uma boa reprodução da pintura. Melhor ainda seria projetar a imagem numa tela grande para que todos tenham uma boa visão e possam interagir com ela. Isso significa que a sala que você usa deve poder ser escurecida para tornar todos os detalhes nítidos e claros.

Dê às pessoas alguns minutos para examinar novamente a pintura, seja projetada numa tela ou numa página em suas mãos. Quando sentir que estão prontas, abra a discussão fazendo perguntas boas e simples: O que você vê? Qual a primeira coisa que chama sua atenção? Qual é sua resposta inicial a esta pintura? Como você se sente com isso? As respostas devem ser curtas e diretas neste ponto. É incrível como a experiência de percepções compartilhadas pode ser variada e rica. Ajudamos uns aos outros a ver mais claramente com esse tipo de compartilhamento.

Ouça com respeito cada percepção, cada observação, reconhecendo-as brevemente. Na condição de guia das pessoas, caminhe pela pintura com o grupo, prestando atenção aos detalhes e seu significado para a transformação espiritual. Use os *insights* do capítulo do livro e também as perguntas reflexivas do final do capítulo para uma aplicação pessoal posterior. Talvez a pergunta mais importante a fazer seja "onde eles podem estar na pintura?" Peça-lhes que se insiram na história visual e imaginem onde estariam e o que estariam fazendo e experimentando. Essa é uma forma de entrar mais profundamente no tempo e significado da pintura, extraindo aplicação pessoal e referência para suas vidas. E não esqueça de deixar bastante espaço para o silêncio. Lembre-se de que esse tempo juntos deve ser uma experiência de oração contemplativa, não simplesmente uma discussão de ideias. Incentive o compartilhamento que expresse convites que Deus possa estar oferecendo. Dê graças a Deus por todas as dádivas compartilhadas.

Respondendo pessoalmente. Se houver tempo no final, você pode convidar cada participante a responder criativamente à meditação de sua própria maneira. Este é um bom momento para deixar que as pessoas se recolham sozinhas em algum lugar tranquilo por dez minutos ou mais para continuar refletindo sobre o texto e a pintura, e para fazerem um diário sobre sua experiência, escrever um poema ou explorar qualquer expressão criativa que possa surgir em resposta às dádivas de Deus.

Respondendo juntos. Gentilmente, reúna o grupo novamente no final para um momento de compartilhamento das dádivas e convites que receberam. Ofereça uma oração de encerramento de gratidão pela presença de Deus e pela obra transformadora do Espírito Santo que começou durante esse tempo.

*

APÊNDICE 2

SUGESTÕES PARA USO NA DIREÇÃO ESPIRITUAL

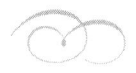

Visto que a direção espiritual é o lugar onde estamos atentos à presença e ação de Deus na vida de oração de uma pessoa, é extremamente importante oferecer um espaço contemplativo dentro do processo. O silêncio do espaço contemplativo oferece o contexto ideal para ouvir o Espírito Santo, que é o verdadeiro diretor. Esta é uma quietude que abre espaço para que o Espírito de Deus seja mais prontamente reconhecido, recebido e respondido. É esse mesmo silêncio e atenção que estão presentes no processo de meditação sobre a arte.

Quando abordamos uma obra de arte de maneira contemplativa, trazemos nossa atenção focada, junto com uma prontidão para sermos arrebatados por ela. Isso nos abre para quaisquer dádivas que ela possa trazer à nossa alma. Na direção espiritual, compartilhamos a experiência que os outros têm de Deus num espaço que permite a entrega e a resposta dele. É por isso que a contemplação da arte se ajusta tão bem aos objetivos da direção espiritual. Mesmo quando um diretor não tem interesse em arte ou não é particularmente "apaixonado por arte", é muito importante fazer dela uma parte do encontro. Esteja aberto a maneiras como a arte pode enriquecer seu tempo com aqueles que você acompanha espiritualmente. À medida que o Espírito o conduz em direção às passagens bíblicas que podem atrair a outra pessoa para Deus ou lançar luz sobre sua experiência de Deus, você poderá encontrar uma obra de arte que apoie e incentive novas maneiras de ver.

VISÃO CONTEMPLATIVA

PREPARAÇÃO

Ao introduzir o uso contemplativo da arte em sua direção espiritual, talvez você ache útil compartilhar este livro com seus dirigidos. Caso faça isso, sugira que comecem lendo o prefácio e o primeiro capítulo como uma forma de compreender o valor da arte como auxílio à oração contemplativa e discuta com eles como isso pode se encaixar no trabalho que vocês estão fazendo juntos na direção espiritual. Se parecer que eles reagem ao uso da arte em seu trabalho em conjunto, considere incentivá-los a trabalhar sobre o livro e compartilhar com você a resposta deles a isso. Você também pode, é claro, encorajá-los a se concentrar em determinadas obras de arte — podem ser as discutidas no livro ou outras que lhes sejam familiares. Ou, se você estiver ciente de importantes questões espirituais que eles estão enfrentando e de passagens bíblicas que falam sobre isso, você pode usar um recurso da internet como o *site* <www.textweek.com> para identificar obras de arte pertinentes, que você pode reproduzir ou usar em seu trabalho juntos. Para fazer isso, siga o *link* para "Art Index" na página inicial. Você chegará a uma página que organiza milhares de obras de arte bíblica por tema, por livro da Bíblia e por leitura do lecionário.

OUVINDO JUNTOS

Se vocês escolherem trabalhar juntos na arte bíblica, considere começar sua sessão ouvindo juntos a passagem na qual a arte se baseia. Depois de um momento de oração silenciosa, leia o texto em voz alta lentamente e em oração. Faça isso várias vezes no formato de *lectio divina* — permitindo um tempo de silêncio para dar atenção ao que eles recebem da leitura.

OLHANDO JUNTOS

Em seguida, olhem juntos para uma boa reprodução da obra de arte. Explique como ela será usada de maneira contemplativa — examinando-a em silêncio e permitindo que ela amplie a compreensão e aprofunde a percepção das realidades espirituais. Permita que seu dirigido leve o tempo que for necessário para uma contemplação profunda, lenta e intensa da pintura. Comece com perguntas básicas como "O que você vê?", "O que você percebe ou sente?", "O que Deus pode estar lhe dizendo?" E "como você deseja responder?" Se você estiver trabalhando com uma das pinturas deste livro, também poderá usar as perguntas reflexivas, encontradas no final de cada capítulo, para entrar mais plenamente na experiência da arte e do texto.

RESPONDENDO

À medida que percepções e respostas são compartilhadas, reserve algum tempo para mantê-las reverentemente perante Deus em silêncio. Então agradeça a ele pelas dádivas recebidas.

Incentive seus dirigidos a responder criativamente a essas dádivas. Usar expressões criativas como base para a contemplação evoca outras expressões criativas, e não permita que seus dirigidos descartem precipitadamente a possibilidade de terem criatividade suficiente para responder de forma exclusivamente pessoal à experiência — com diários, escrita criativa, pintura, desenho, fotografia, arranjos de flores ou algo tão simples como preparar uma refeição, que é uma resposta ao seu envolvimento com a arte e a passagem bíblica por trás dela.

Edições Loyola

editoração impressão acabamento
Rua 1822 n° 341 – Ipiranga
04216-000 São Paulo, SP
T 55 11 3385 8500/8501, 2063 4275
www.loyola.com.br